LES CLÉS DE L'AMOUR

UN PAS VERS L'INTIME

Mentions légales

ISBN 978-2-9564910-4-0

SOMMAIRE

AVANT-PROPOS

Cet ouvrage est la retranscription écrite de l'une de nos conférences sur l'amour et l'intime, donnée en novembre 2021. Des modifications et ajouts ont été faits. Elle a été étoffée, mise en page et illustrée afin d'en faire un ouvrage à part entière, que nous espérons plaisant à lire.

Illustrateur: Fabien Apffel

site internet: http://fabien-apffel.fr/

PRÉFACE

Damien Dervois, psychologue et chercheur

La relation, l'intime sont bien des mots qui nous embarquent dans des remous émotionnels intenses. Ils nous font frissonner, ils nous heurtent, nous confrontent au manque, à l'ardeur, au lien mais, que veulent-ils dire exactement ? Qu'impliquent-ils au juste ?
Depuis la nuit des temps, les scientifiques cherchent à percer les mystères de ce qui unit certains humains. Malgré cela, la même chanson se dépose au creux de notre oreille pour nous compter à quel point ces liens sont incompréhensibles et déraisonnables. L'intime est de l'ordre de l'affect, du cœur et nous savons bien que le cœur a ses raisons que la raison ignore...

Le psychologue, médecin de l'âme deviendra donc un Homme de choix dans l'élucidation de ce mystère. Naturellement, la psychologie clinique et la psychanalyse ont tenté de s'aventurer dans les méandres des relations intersubjectives humaines. L'intimité, l'amour, la sexualité émanent d'Éros, la pulsion de vie. L'intime au sein duquel se déploie l'ardeur affective est pensé sous l'angle d'un lien de confiance et de réciprocité entre deux individus, dans un partage de secrets et de confidences. Reste cette question qui subsiste et qui nous fait comprendre la complexité de la notion : Oui, mais encore ?

L'histoire d'un individu s'inscrit jusqu'au plus profond de sa chair, à travers tous les canaux sensoriels et émotionnels qui ont fondé son expérience à la fois intime et unique. C'est à travers le corps que l'individu se heurte à l'épreuve du réel et ce sont ces vécus qui fondent les lignes de l'être. Il apparaît donc une problématique à la conception simplifiante de l'intime théorisée par la psychanalyse : Le vécu peut-il réellement être partagé au moyen du langage ?

Nous nous rendons bien compte à quel point la pensée analytique empêche le scientifique de penser les concepts en dehors de son champ théorique. L'âme se retrouve être en opposition avec le corps, autant que la raison l'est face aux affects. Or, empruntons ces termes à Edgar Morin, l'être humain est homo sapiens et demens. Il est un système complexe au sein duquel fonctionnent des forces à la fois antagonistes et complémentaires. Raison et affects, corps et tête sont autant de systèmes qui fonctionnent ensemble et forment le tout bio-anthropo-social que nous sommes.

Des questions nous viennent alors à ce moment de l'exposé : comment relier le cerveau avec le corps, comment renouer la raison et l'amour ? Autrement dit, comment faire preuve de complexité pour pouvoir appréhender le mystère de l'intime et des relations sans pour autant l'idéologiser ?

C'est précisément là toute l'ambition du livre d'Olivier LAFAY et de Deborah HEYNEN. À travers une grille de lecture bio-anthropo-sociale de l'être humain, les auteurs mettent en lumière ce qui, dans nos systèmes de pensée actuels, nous dépasse complètement. L'intime né d'une relation réciproque, sera étudié sous tous ses angles, à la lumière de sa complexité.

Ce sont des concepts nouveaux que vous trouverez ici et qui vous permettront de comprendre la complexité et la portée des relations humaines. Car en effet, il s'agit de comprendre la portée corporelle dans l'intime pour pouvoir réellement se remplir de l'autre et ne plus être sans cesse traversé par lui sans qu'il ne demeure en nous. Vous apprendrez à laisser la place à l'autre sans l'envahir, à le regarder, à le toucher, à développer cet espace transitionnel - pour reprendre les termes de Winnicott - au sein duquel des forces qui vous dépassent com plètement vous poussent à vous complexifier, à évoluer car, rappelons-le, l'humain est un être prosocial. L'intime vous ramènera au siège de vos affects, à votre bas-ventre et il ne s'agira plus de fuir dans la tête, dans l'égo comme le promeut la société néolibérale.

Ce livre suit le même fil conducteur que les autres livres d'Olivier LAFAY et de Deborah HEYNEN : un façonnement des limites à travers un retour au corps et donc, à Soi. Ce faisant, l'autre devient réellement autre à nos yeux et il peut enfin être regardé, touché, aimé pour ce qu'il est : un être à la fois semblable et singulier, un alter ego.

De 2004 jusqu'à aujourd'hui, Olivier LAFAY a su s'imposer dans la recherche à travers ses 600 articles écrits et des best-sellers vendus, pour certains, à plus de 400 000 exemplaires. Sa vision montre la nécessité d'appréhender l'humain dans toute sa complexité sans l'étouffer dans un carcan idéologique limitant et arrangeant.

Cherchant à comprendre la société dans laquelle nous sommes inscrits et comment le système espèce-société-individu fonctionne, l'auteur fait suite au médecin de l'âme et devient un choix privilégié dans l'élucidation du mystère des relations humaines.

Vous ne trouverez pas de mode d'emploi, ni de titres racoleurs, mais bien une méthode de compréhension et de production de relations saines et nourrissantes. Savoir aimer et être aimé, telle est l'ambition de ce bouquin.

En guise d'introduction et d'ouverture à cet ambitieux travail, imaginons ensemble l'intime comme étant un ballet privé complètement improvisé. Vos deux corps se meuvent à travers le cortège symphonique de la vie, tout en essayant de trouver un rythme d'accordage. Et puis vous trébuchez, vous vous marchez sur le pied mais qu'importe puisque cette connexion des êtres vous encourage à maintenir et à travailler le lien. A force de considération et de réciprocité, vos pas se font sentir plus fluides et vos corps se frôlent et s'entremêlent désormais dans une virtuose symphonie complètement hors du temps.

Au troisième temps de l'intime, il y a vous, il y a l'être aimé et il y a l'amour.

Et si, en tournant cette page, vous lui preniez la main pour commencer à danser ?

Introduction

Il n'existe pas d'amour intense, profond et durable sans intime. Et, contrairement à ce qu'on pourrait penser, ce n'est pas l'amour qui débouche sur l'intime, avec le temps. C'est bien plutôt l'intime qui rend l'amour possible. Sans le préalable de l'accès à l'intime, tout mouvement vers l'autre est condamné. Il débouchera sur la frustration, la peur et le néant amoureux. Le néant de l'Être.

Ce livre vous donne accès à ce territoire de l'intime perdu en vous-même. Existant depuis toujours, depuis l'époque des chasseurs-cueilleurs, il est mis de côté, barré, piétiné, dès l'enfance. Sans guide, il devient inaccessible.

Et pourtant, avec les immenses progrès de l'humanité au long des millénaires, pour mieux se connaître, il est possible de comprendre, trouver et faire croître cet intime. D'abord en soi. En l'autre. Et de connaître cette joie immense d'aimer et d'être aimé en retour. La joie ultime qui fasse qu'une vie vaut la peine d'être vécue.

Ce petit livre est, à cet égard, riche d'informations, d'éclaircissements et de pistes bien balisées.

Chapitre 1 :

L'amour, l'intime, qu'est-ce que c'est ?

« (…) L'intime, quant à lui, ne s'épuise pas. Il est sans fond et sans fin. »[1]

[1] François Jullien, De l'intime.

Aujourd'hui, nous souhaitons aborder avec vous les concepts d'amour et d'intime. Notre but est de relier la théorie à la pratique, afin que chacun puisse mieux comprendre, agir et influencer ses relations au quotidien.
Au préalable, nous partirons d'un questionnement sur l'amour et l'intime. Qu'est-ce que c'est ? Comment les définir ?

Le savez-vous ?

Pour l'amour, certains affirmeront que « cela va de soi ». Tout le monde sait ce qu'est l'amour, n'est-ce pas ? L'amour est bien le même pour tout le monde, non ? Et bien, ce n'est pas si simple. En posant des mots sur l'amour, en le définissant, nous disons beaucoup de nous-mêmes. Nous disons notre capacité à donner, prendre et recevoir. Nous disons nos attentes, nos besoins et nos frustrations. Parler d'amour, c'est donc se confronter à l'émotionnel en chacun de nous. Nous nous heurtons aux individualités de chacun, au subjectif. Si nous désirons avancer (et s'aimer !) à partir de ces différences, nous devons faire « du même », et établir un terrain commun.

Pour définir l'amour, il nous est nécessaire, en premier lieu, de partir de notre biologie, de notre nature. L'être humain a été sélectionné, durant des centaines de milliers d'années, pour « s'attacher » d'une certaine manière. Cet attachement particulier, d'abord entre la mère et l'enfant, ensuite entre la mère et le père, ainsi que d'autres « alloparents », révèle un potentiel inné pour l'amour.

> **Alloparents :**
>
> Proches, membres de la famille ou du groupe, qui apportent leur soutien dans les soins et l'éducation des enfants.
> Nous devons ce terme à Sarah Blaffer Hrdy, anthropologue, primatologue et sociobiologiste.

Néolibéralisme :

« Le projet néolibéral est la vision politique la plus proche de ce communisme qui a régné dans les pays de l'Est entre 1917 et 1989, avec une oligarchie régnant sans pitié sur une masse qu'on a voulu indifférenciée, un État totalitaire tel que décrit par Georges Orwell (...) Le néolibéralisme a pour projet d'imposer une société de surveillance totale, tenue par des individus ivres de dominance, où régnerait l'uniformisation, conduisant à la mort du Sujet, faisant de chacun un objet pour lui-même et pour les autres. Le règne de la consommation, dans la fuite de soi, du réel, dans une société sans spontanéité, qui fabrique et devance tout désir (...) Le néolibéralisme se présente bien comme une synthèse, un socialisme ultralibéral, amené par une sacralisation de l'individu jouisseur, devenant finalement objet, dindon de la farce. »,
Olivier Lafay et Deborah Heynen, « Un pas vers une écologie de l'amour ».

Ce potentiel inné, que nous partageons tous, peut s'exprimer plus ou moins suivant le contexte dans lequel nous évoluons. La « différence qui fait la différence[2] », du point de vue de l'amour, c'est, d'une part, la société. C'est elle qui met en place le cadre actualisant tout ou partie du potentiel humain. Vivons-nous en temps de guerre ou en temps de paix ? Le territoire est-il pacifié, ou subissons-nous une constante insécurité ? Quel est notre niveau de confort ? De quelle marge de manœuvre individuelle jouissons-nous ? Etc. Bon nombre de nos comportements et de nos sentiments sont conditionnés par l'organisation de la société[3], par notre culture. La société établit les grandes règles de l'amour ; en formulant ce que nous devons à l'autre, et ce que nous pouvons en espérer. Dans cet ouvrage, nous aborderons le sujet du néolibéralisme, et développerons les influences de la société néolibérale sur nos amours.

---

[2] L'information, c'est une « différence qui fait une différence », Gregory Bateson.

[3] Les liens entre « affects » et société ont été établis par Michel Clouscard.

Pour parler de l'amour au 21ème siècle, il nous faudra donc parler de néolibéralisme, et de la manière dont cette vision du monde considère les relations humaines. Nous verrons de quelle manière celle-ci influence notre construction individuelle.

Nous venons de mettre en lumière l'existence d'un cadre biologique (espèce) et historique (société) conditionnant nos amours.

Si nous souhaitons mieux les comprendre, il nous faut également observer la part de subjectif qui détermine nos relations.
L'histoire individuelle de chacun, son enfance et son vécu, construisent un rapport particulier à l'autre. L'autre, étant ici compris comme un être différent de soi. Nous parlerons donc d'altérité. L'altérité, c'est la reconnaissance de l'autre dans sa différence.
Sans l'altérité, il ne peut y avoir d'amour profond. Il ne peut y avoir d'intime. Sans effort vers l'altérité, pas de couple durable, pas d'amour, pas d'intime.

Mais qu'est-ce donc, l'intime ?

L'intime, c'est le fait d'être soi, avec l'autre, sans masque, en dehors de tout rôle. C'est être avec l'autre, sans plus aucun calcul, sans volonté d'entrer dans des rapports de force pour soumettre l'autre, ou pour se soumettre à lui. C'est une bulle que l'on construit avec l'autre, que l'on creuse, au fur et à mesure que chacun se découvre.

« Mais qu'est-ce que l'intime ? C'est la possibilité d'une relation où chacun pose les armes, abaisse son bouclier, délaisse la surveillance de ses frontières et abaisse le pont-levis menant à son être. C'est la possibilité de creuser en l'autre, de se laisser creuser par l'autre, d'y accepter son avancée et son ingérence. L'intime, c'est un espace de confiance absolue (mais pas de cette confiance unilatérale qu'on ressent quand on possède complètement une autre personne). C'est la condition fondamentale d'un amour et d'une amitié authentiques. »
Olivier Lafay,
Access Autonomy, Méthode Lafay 2A.

Dans cet ouvrage, Olivier établit le lien consubstantiel entre la construction du corps et l'épanouissement relationnel, pour une musculation vivante, efficace. Pour croître et durer.

SE RÉGÉNÉRER

L'intime, c'est donc un lieu où chacun peut se laisser aller, se détendre et se régénérer. Attention, par « régénérer », nous n'entendons pas le fait d'ingérer des herbes, des jus ou de la poudre magique dans l'espoir de ressentir ses vies antérieures ou de discuter avec le cosmos. Par « régénérer », nous entendons décharger et se construire. L'intime, c'est donc une bulle au sein de laquelle on peut « souffler » et s'apaiser au contact de l'autre. Et où l'on accorde à l'autre les mêmes possibles, les mêmes droits. Dans cette bulle, je cesse d'être un objet pour l'autre et il cesse d'être un objet pour moi.

Cela ne se décrète pas. C'est la résultante de l'apprentissage de l'altérité. D'un effort ciblé.

Le langage est constitutif de l'intime, mais n'en représente qu'une infime partie, puisque le plus important, c'est le lien. Et le lien va passer majoritairement par l'empathie, et donc par le corps (par les regards, par le contact physique). L'intime vient de la proximité avec l'autre, en dehors des tensions du monde. Il passe dans un lien de réciprocité et d'égalité, et donc de confiance, laissant émerger le partage de ce que chacun conserve au fond de soi. L'intime, c'est la mère qui dit à l'enfant : « Je suis là, je suis vraiment là, quoiqu'il arrive. Tu peux entièrement te reposer sur moi ». Il n'est nul besoin de mots pour l'établir, car l'intime, c'est avant tout une présence. Il en est de même pour l'intime entre deux amis ou dans un couple. Il en est de même pour l'intime qui se crée entre deux inconnus.

Il permet de dire sa souffrance, sa douleur, et souvent, on commence par là. Les débuts de l'intime, et que cela soit en couple, avec un ami, ou un thérapeute, sont toujours liés à des douleurs et des souffrances, à un refoulé de chacun, que l'on va tenter d'exprimer. Il se peut qu'on le fasse indirectement, en tournant autour, avec des métaphores, des symboliques.

Au fur et à mesure que l'on peut se libérer de ce vécu-là, enfermé, ce que l'on exprimera à l'autre relèvera davantage de nos souffrances intérieures du moment. Chaque jour qui passe, à chaque moment, on se retrouve en conflit avec le monde, on en subit la tension. Notre monde intérieur est mis en tension, et ce que l'on ressent, vis-à-vis du monde, de l'autre et de soi, évolue constamment.

L'intime permet alors de se dire, dans une relation d'acceptation totale, qui sera amenée à évoluer, à grandir, à l'image de chacun. Par la présence et la parole, enfin possibles, l'intime libère des espaces de croissance.

Il y a une grande différence dans le fait de dire à l'autre « Je ne te désire plus » quand on n'est pas dans l'intime, et le dire dans une relation d'intime. Dans ce deuxième cas, il ne s'agira pas d'une manifestation de pouvoir ou de colère. Il s'agira seulement de dire : « je ressens cela en moi, et si je le dis, c'est parce que je pense que l'on peut passer ce cap ensemble, que l'on peut avancer et passer à un niveau supérieur de relation. »

Il se peut que nos centres d'intérêts divergent et que l'on se construise différemment. L'intime permet un retour de l'un à l'autre, de recréer en permanence du lien en se creusant l'un l'autre, en s'intéressant aux différences de l'autre. À ce qui le nourrit et le gratifie. Se faisant, on prend l'autre en soi-même. On crée à deux un terrain commun à partir de nos différences.
Cela favorisera l'évolution individuelle de chacun, en même temps que la relation. On cherche à recréer le lien primaire à la mère, excepté qu'il s'agit d'un lien symétrique, puisqu'il s'établit entre deux adultes.

Tout ce qui traverse l'être humain nourrit l'intime. C'est-à-dire que l'intime se nourrit en permanence. Il y a toujours quelque chose qui va se passer, toujours quelque chose de nouveau à creuser. Nous avons en nous un océan de subjectivité dont nous ne savons presque rien avant de l'avoir partagé avec un autre, dans la confiance.

Le contact intime peut avoir lieu de diverses manières :

- Il peut s'agir d'un contact direct (le regard, le toucher)

- Il peut également s'agir d'un contact indirect. La proximité physique, par exemple. L'intime peut ainsi passer, alors que nous sommes allongés l'un à côté de l'autre. Il peut se sentir, lorsque nous dormons ensemble, et que nous percevons la respiration de l'autre pendant la nuit. Il peut aussi s'illustrer dans les « petits riens », lorsque nous sommes assis ensemble sur un banc, et que nous regardons le paysage, sans parler, ou en se disant des banalités. Le fait d'être deux, dans l'intime, amène une nouvelle dimension aux « petits riens » du quotidien. Le partage avec l'autre (d'un ressenti commun) et son regard rendent ces moments régénérateurs pour chacun. On se sent « vibrer » ensemble à l'unisson. Les rythmes s'accordent vers le relâchement et la détente.

L'intime

Vous êtes-vous déjà senti très proche de quelqu'un ?

Pensez à un moment où vous avez ressenti une proximité forte avec un autre.

Vous vous sentiez reliés, mutuellement en confiance.

C'est cela l'intime : l'autre n'est plus une menace. Nous abaissons, chacun, le pont-levis menant à notre être.

L'intime survient quand on ouvre les yeux sur l'autre, et qu'on accepte d'être perturbé, sans fuir, par sa profonde différence. De mon intérêt pour l'autre, de ma curiosité pour son altérité radicale, dépendent la construction de l'amour et sa perpétuation. C'est un effort de construction de l'intime. Au contact de l'autre, par sa différence, chacun s'apprend soi-même tout en apprenant l'autre.

C'est-à-dire que c'est dans l'altérité qu'on va se découvrir soi. En apprenant l'autre, j'apprends qu'il n'est pas moi. Et en apprenant qu'il n'est pas moi, je comprends qu'il ne réagit pas de la même manière que moi. Il ne réagit pas aux mêmes choses, son corps ne réagit pas au même toucher, aux mêmes caresses, aux mêmes stimulations. Ses émotions n'arrivent pas au même moment, et, lorsqu'elles surviennent, c'est avec une intensité différente. Par contraste, j'apprends qui je suis, et vice-versa. On apprend soi et l'autre dans la relation d'intime. C'est ce que nous appelons creuser l'autre et se creuser soi. L'intime est donc découverte. Il est une rencontre apaisée avec les flux bouillonnants de la vie.

CHAPITRE 2 :

DITES-MOI QUEL EST VOTRE AMOUR ET JE VOUS DIRAI QUI VOUS ÊTES

« Toute existence tire sa valeur de la qualité de l'amour : « Dis-moi quel est ton amour et je te dirai qui tu es ».[4]

[4] Jean-Paul II.

Qu'est-ce que l'intime ?
Le comprenez-vous profondément ?
Le vivez-vous dans votre chair ?

En vérité, l'intime n'est pas clair pour la plupart d'entre nous. Il peut même être extrêmement difficile à concevoir et à appliquer. Pourquoi cela ? Parce que la plupart d'entre nous n'a jamais eu accès à l'intime, ou de manière partielle.

Le problème de l'intime, c'est qu'il n'est pas toujours inclusif ou exclusif. Il est souvent comme une toile déchirée, c'est-à-dire que nous en avons eu des petits bouts, sans jamais accéder à sa totalité.

Expérience de l'intime

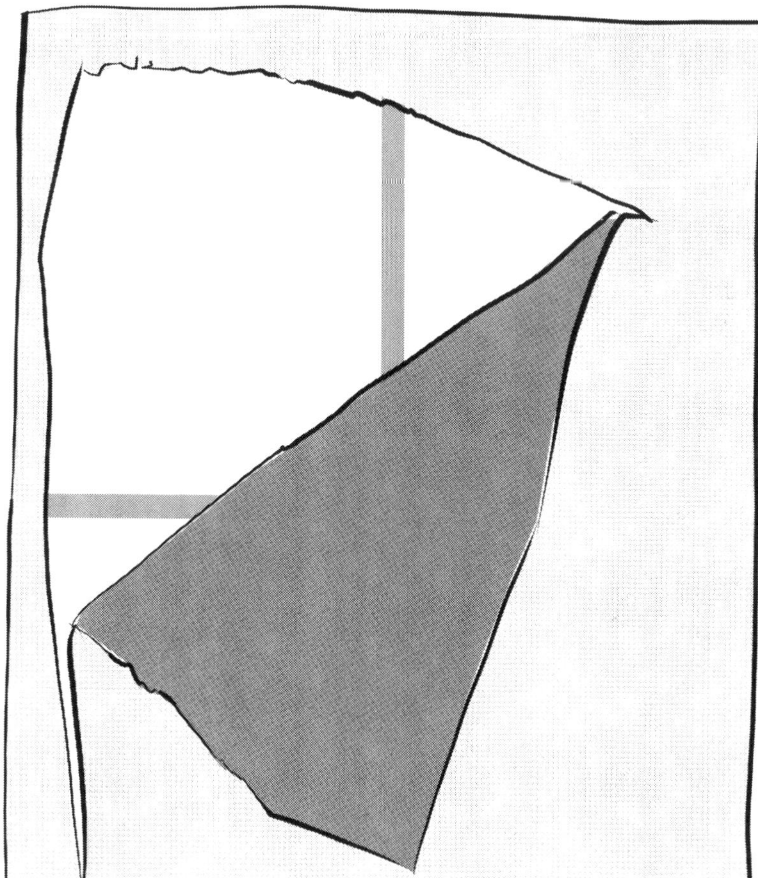

C'est essentiellement lié à l'éducation que nous avons reçue, aux relations que nous avons partagées avec nos parents. Une mère peut être plus ou moins proche de son enfant, que cela soit pour des raisons internes ou externes. La société peut, par exemple, la contraindre à travailler et à mettre l'enfant en crèche, d'où, une discontinuité permanente de l'intime.

Depuis les années 1960-1970, notre société a subi de plein fouet le néolibéralisme. Elle se centre désormais autour des individus, qu'elle élève en absolu. C'est le règne des Individus-Rois, devenus très nombrilistes. Les désirs de chacun sont constamment créés, alimentés et poussés vers la satisfaction. Toute frustration est insupportable. Il faut consommer. Et les relations, à l'image des produits périssables, subissent l'élan néolibéral. Chacun est enjoint à se centrer en priorité sur lui-même, sur ses désirs, ses pulsions et ses aspirations ; au détriment de l'autre, et de ses besoins propres. Au détriment du couple et de la famille. Ayant été élevés dans cette société, nous sommes enclins à nous centrer sur nous-mêmes, tout comme nos parents.

Chacun doit se trouver, se réaliser, bref, définir par et pour lui-même le but de l'existence humaine : c'est la quête identitaire. La quête identitaire pousse le parent à se détacher de son enfant afin de s'accomplir. Il a la « mission » de se réaliser et d'ainsi donner un sens à sa vie.
Cela n'était pas le cas autrefois. Précisons que par « autrefois », nous entendons avant les années 1950. La haute bourgeoisie et l'aristocratie ont, quant à eux, dû répondre au devoir d'identité dès la fin du 17ème siècle. Pour nous, pauvre peuple, c'est venu nettement plus tard.

Pourquoi est-il important d'aborder la quête identitaire dans un livre consacré à l'amour ?

La quête identitaire (ou le devoir d'être Soi[5]) relègue à un second plan les devoirs de chacun envers l'autre. Elle affaiblit le couple, qui ne parvient plus à se construire. Chacun ne sachant plus trop quel rôle il doit respecter, la famille en est affaiblie. Elle en est affaiblie parce que la relation entre la mère et l'enfant en est affaiblie. Si la mère ne peut se dévouer totalement à son enfant, si le père ne peut plus jouer son rôle de soutien, et si les alloparents modernes demeurent des inconnus. Quel amour transmettons-nous à nos enfants ? Nous n'avons plus le temps et l'énergie d'être pleinement là pour eux.

On constate une perte d'intime énorme depuis les années 60-70, perte d'intime qui a été croissante jusqu'à nos jours. Nos générations n'ont pas eu accès à cet intime qu'elles auraient dû avoir. Ne l'ayant pas vécu dans l'enfance, ou partiellement, nous n'avons pas appris l'intime. Nous ne le comprenons pas.
La relation entre la mère et l'enfant a d'abord subi les recommandations de la puériculture qui s'impose au début du 20ème siècle[6]. Celle-ci se veut alors préventive et normative.

---

[5] Alain Ehrenberg, sociologue.

[6] Puériculture vient du latin et signifie « élevage des tout-petits ». A l'origine, on doit ce mot au Docteur Caron qui, en 1860, souhaitait donner des cours aux futures mères. Ce projet sera abandonné, puis sera adopté peu avant 1900, grâce à Adolphe Pinard, médecin. La pédiatrie se veut être préventive et normative. L'école des Mères, créée en 1892, fera la promotion du biberon et du lait stérilisé. Source : Quand nos grand-mères donnaient la vie, Françoise Thébaud.

Et la nouvelle norme, c'est l'hygiène.
Le biberon et le lait stérilisé sont préconisés.
S'il est suivi, l'allaitement au sein doit respecter des règles et mesures rigoureuses. Les tétées doivent être espacées de quatre heures, trois heures ou deux heures et demie suivant les recommandations[7], et ne peuvent excéder 10 à 15 minutes. L'allaitement à la demande et le croûton de pain sec sont décriés, rendus cause du rachitisme. L'âge du sevrage conseillé diminue au cours du siècle : de 3 mois en 1932, il passe à une semaine en 1978 ! Les gestes des mères envers leurs enfants sont analysés et critiqués. Elles ne peuvent plus se laisser aller à toute spontanéité.

L'élan maternel premier doit se soumettre aux « bonnes » recommandations de l'époque. La relation entre la mère et l'enfant en est profondément impactée.

Les débuts de la quête identitaire bouleversent encore les rapports entre la mère et son bébé. D'un côté, on remet en question le courant hygiéniste du siècle, et on promeut un retour à plus de spontanéité et d'animalité dans les relations. Ce courant, nourri d'espoir, ne pourra s'épanouir que brièvement, avant d'être relayé en second plan, la foi nouvellement acquise étant rapidement étouffée dans l'œuf.

---

[7] Histoire de l'allaitement, Claude-Suzanne Didier Jean-Nouveau, Leche League.

En parallèle, le mouvement féministe égalitaire, nourri de néolibéralisme, envisage la maternité comme un esclavage. Les femmes, si elles veulent s'accomplir en tant que femmes, doivent désormais suivre un chemin libéré de toute attache. Désormais, on n'aspire plus simplement à jouir. Il faut jouir sans entrave. C'est la revendication d'une jouissance immédiate et solitaire. On ne veut plus de l'autre. On le pense désormais inutile. C'est la dénégation des besoins humains les plus essentiels.

La perte d'intime est énorme.

Pour celles qui aspirent encore à être mère, le biberon et la crèche deviennent les parfaits outils les désengageant d'une responsabilité trop écrasante. Elles peuvent rapidement retrouver leurs occupations personnelles, et déléguer une part importante de leur maternité à d'autres.

Chapitre 3 :

La quête d'amour de l'individu narcissique

« Les femmes ont cessé d'être mères ; elles ne le seront plus ; elles ne veulent plus l'être. Quand elles le voudraient, à peine le pourraient-elles ; aujourd'hui que l'usage contraire est établi, chacune aurait à combattre l'opposition de toutes celles qui l'approchent, liguées contre un exemple que les unes n'ont pas donné et que les autres ne veulent pas suivre. »[8]

[8] Jean-Jacques Rousseau, Œuvres complètes. Au 18ème siècle, déjà, les femmes de la haute bourgeoisie et de l'aristocratie subissaient la quête identitaire, et étaient enjointes à s'accomplir sur le plan individuel, en déléguant leurs devoirs à d'autres. A cette époque, on envoyait l'enfant chez une nourrice, à la campagne.

Comme on n'a pas appris la relation intime à la mère, on ne sait pas y aller, et on se retrouve tous, dans cette société narcissique, à vouloir être le centre de tout (et de tous !). Autant le père et la mère veulent être le centre de tout, parce qu'ils doivent se réaliser, et autant l'enfant, qui a été mis de côté, exigera également toute l'attention plus tard, à l'âge adulte. D'une part, la quête identitaire le poussera dans ce sens. Un manque de maturation induira une incapacité à agir autrement. Il n'aura pas pu maturer, parce qu'il aura manqué quelque chose dans la relation première vécue avec les parents. Il risque donc de vouloir constamment combler le vide affectif de l'enfance.

Quelle est-elle, cette maturation ? Et qu'implique-t-elle sur le plan humain ?

La relation intime vécue dans l'enfance avec nos parents, et principalement la mère, permet une maturation saine de l'individu. C'est-à-dire que l'enfant va ainsi passer petit à petit de la toute-puissance au sentiment de sollicitude, indispensable pour accéder à un intime « adulte ».

L'expression de la toute-puissance est rendue possible de part une proximité immédiate de la mère ou du père, un accès inconditionnel au sein et une présence permettant aux besoins affectifs de l'enfant d'être comblés.

Petit à petit, par des allers et retours entre le monde et son parent[9], l'enfant intégrera qu'il peut exister des points de vue radicalement différents du sien.

Il apprendra à considérer l'autre, dans son altérité.

C'est le développement du sentiment de sollicitude[10].

La toute-puissance :
« La toute-puissancc est généralement associée à la relation primitive mère-bébé. (...) Pour Winnicott (1971) la toute-puissance du bébé tient à la manière dont la mère lui présente le monde, c'est-à-dire lui donne l'illusion que c'est lui qui crée le monde. Par exemple, le sein lui est présenté au moment même où il hallucine vaguement un sein, c'est-à-dire quelque chose correspondant à son besoin. (...) il n'y ait pas de discontinuité entre le désir-besoin de l'enfant et la réalité. » [a]

Sentiment de Sollicitude :
Attention particulière que l'on porte à l'autre, à ses besoins, ses désirs, ses ressentis ; à la fois une inquiétude et un soin portés à l'autre. La sollicitude demande d'envisager l'autre comme un autre, c'est-à-dire, un être différent de soi, avec des besoins, désirs et ressentis propres, qui peuvent diverger des nôtres.

---

[9] C'est John Bowlby qui a théorisé l'importance, pour le bien-être affectif de l'enfant, de va-et-vient entre le monde et la mère (havre de sécurité). L'enfant peut ainsi explorer et apprendre le monde en toute sécurité, puisqu'il lui est possible, à tout moment, de revenir vers sa mère pour se réassurer.

Mis de côté dans l'enfance, l'individu moderne, « enfant du désir », reste immature. Dans nos relations aux autres, nous sommes immatures. Par manque de frontières claires, nous avons tendance à envahir les autres. Nous les envahissons, parce que l'autre reste un concept étranger que nous ne pouvons envisager. Nous ne parvenons pas à le considérer dans sa différence, dans ses besoins propres, divergents des nôtres. L'autre reste un décalque de nous-mêmes, et nous tendons à rester empêtrés dans une toute-puissance frustrée. Totalement accaparés par nous-mêmes, nous ne pouvons pas entendre la différence de l'autre et lui consacrer du temps. En paroles, nous sommes tolérants. Dans les faits, tout approfondissement d'une relation nous est insupportable.

Nous sommes enfermés dans une boucle, et nous ne pouvons en sortir, car nous cherchons constamment à satisfaire ce qui n'a jamais pu l'être pleinement durant notre enfance, et qui ne peut l'être à l'âge adulte. Nous n'avons pu y être pleinement et entièrement acceptés.

Enfant du désir :

« (...) Le premier caractère de ce nouvel enfant (...) est donc qu'il est un enfant du désir. Non du désir sexuel, mais du désir d'enfant. »[b] Ce « nouvel enfant » évoqué par Paul Yonnet est le fruit direct du troisième stade de la réduction de la fécondité. On y constate une marginalisation des naissances imprévues et une normalisation des naissances désirées. L'enfant ne découle plus d'un rapport sexuel, mais d'un désir des parents de « faire famille ». Le mariage n'est plus l'élément déterminant la « famille ». C'est l'enfant qui en est le caractère distinctif.

[10] Donald Winnicott, pédiatre.

a) Le devenir de la toute-puissance dans les liens précoces, Anne-Marie Blanchard et Gérard Decherf, « Le Divan familial », 2009/1 n°22|pages 149 à 163, cairn.

Notre toute-puissance n'a pas pu s'exprimer, et a été partiellement ou totalement refusée. Cela, parce que le contexte ne le permettait pas. Soit nos parents n'étaient pas présents, soit ils n'étaient pas disponibles. L'accès au sein était réglementé, ou interdit. D'autres adultes, débordés par les demandes d'enfants en surnombre, se chargeaient de nous.
Avec la quête identitaire, les ambitions personnelles priment sur celles du groupe et de la famille. L'enfant devient alors la « variable d'ajustement ». C'est lui qui doit s'ajuster au rythme effréné du monde néolibéral. Il ne peut y avoir de relâchement véritable. *Et, sans relâchement, il n'y a pas de possibilité de se laisser aller dans la relation. Il ne peut y avoir d'intime.*
La démocratisation de la quête identitaire a ainsi pour résultante une destruction des liens.Avant les années cinquante, il n'était pas commun de placer son enfant en crèche. Les enfants restaient avec leurs mères, soit jusqu'à leur entrée à l'école maternelle, soit, et plus généralement, jusqu'à leurs 6 ans[11]. Toutefois, ne nous méprenons pas : les enfants nés avant les années cinquante ne jouissaient pas forcément d'un amour inconditionnel. Ils étaient généralement sevrés vers l'âge de 6 mois, parce qu'après un autre enfant arrivait, etc. L'âge du sevrage évoluait suivant les classes sociales. Mais, pour la plupart, pour le peuple, c'était ainsi : sevrage vers 6 mois, et naissances espacées, en moyenne, de 18 mois[12].

---

[11] « Donald W.Winnicott », France culture, 13/12/2014.

L'enfant en crèche : la tentation normalisatrice des politiques publiques, Catherine Bouve. Dans Conjuguer la santé de l'enfant et de la famille au singulier et au pluriel (2015), pages 45 à 62.

b) « L'avènement de l'enfant du désir », Paul Yonnet, cairn.

Les relations n'étaient donc pas forcément « mieux » ou « parfaites » auparavant. Il y avait toutefois déjà quelque chose, c'est-à-dire qu'il y avait ce que Donald W. Winnicott appelle la « déprivation ». Les enfants avaient au moins vécu une période durant laquelle ils avaient eu accès au sein, car il n'y avait généralement pas d'autres possibilités (c'était le plus facile, le plus courant). De ce fait, ils pouvaient accéder à cet intime-là avec la mère, qui, au moins, fondait un minimum de foi en la vie. Le rapport au corps et à l'animalité était nourri de cette brève période de relation étroite à la mère, ainsi que des années qui s'ensuivaient, au cours desquelles l'enfant devait partager sa mère, mais restait néanmoins en sa présence.

Déprivation :

« perte de quelque chose de bon, qui a été positif dans l'expérience de l'enfant jusqu'à une certaine date, et qui lui a été retiré. Ce retrait a dépassé la durée pendant laquelle l'enfant est capable d'en maintenir le souvenir vivant. »[c]

Après les années 50, c'est allé de pire en pire, parce que la mère a commencé, même en allaitant, à ne pas être présente pour son enfant. Une mère peut avoir la tête ailleurs, parce qu'elle pense à elle, à ce qu'elle doit faire, ce qu'elle doit accomplir, ses projets, sa réalisation, sa relation de couple, etc. Elle se détourne ainsi de l'enfant sans même s'en rendre compte. L'accès au sein n'est donc pas le seul élément déterminant et constitutif de l'intime vécu dans l'enfance.

---

[12] Famille, I : Le recul de la mort : L'avènement de l'individu contemporain. Paul Yonnet.

c) « La tendance antisociale », Donald W.Winnicott.

On peut très bien faire quelque chose en étant totalement dedans, impliqué, en vivant ce que l'on fait, ou le faire sans y penser, pris alors par d'autres choses. Dans ce dernier cas, on sera mécanique, un peu robotique dans nos actions. Ainsi, une mère peut vivre la relation à l'enfant, ou ne pas la vivre. Plus elle sera prise dans la quête identitaire, moins elle vivra la relation avec son enfant. Et plus l'enfant sera considéré comme une charge, comme un frein à son accomplissement personnel.

Tiraillé par des vents contraires, l'individu contemporain, à qui l'on a promis que « tout est possible », est pris de vertige[13]. Comment faire, face à tous ces possibles ? Comment se diriger ? Comment être certain de ne pas se tromper ? Comment discriminer ? « Discriminer » signifiant « mettre de l'ordre », hiérarchiser ses priorités.

Pour que « tout » semble possible, la condition, c'est qu'il n'y ait plus aucun devoir, plus aucune charge, plus aucune responsabilité. L'individu n'a plus besoin de considérer l'autre, tout comme il n'a plus besoin de considérer son habitat. Les volontés de pouvoir de chacun, d'accaparement et de consommation semblent ainsi ne plus avoir aucune limite. Le néolibéralisme fait ainsi fi de la nature humaine, et de nos besoins en tant qu'êtres humains. Mais le réel se manifeste tôt ou tard, là où nous échouons[14]. Et nous observons ce désastre humain à différentes échelles : à l'échelle planétaire, par la destruction des écosystèmes naturels et cultivés ; à l'échelle sociétale, par l'écroulement du collectif ; à l'échelle familiale, par la destruction de la famille ; et à l'échelle individuelle, par le désespoir de chacun, incapable d'accéder à un véritable amour.

---

[13] Soren Kierkegaard.

[14] Paul Watzlawick, « Faites vous-même votre malheur ».

Pour que « tout » semble possible, la condition, c'est avant tout que la masse soit rendue incapable de s'autolimiter ; une masse d'individus immatures, enfermés dans une volonté de toute-puissance frustrée et incapable d'intégrer l'autre, son frère humain, son enfant, son amant. Le « mauvais » pendant de l'incapacité à s'autolimiter, ce sont des frontières défaillantes, fragilisées. Ce faisant, nous ne pouvons pas nous défendre en cas d'abus, puisque nous n'avons pas appris notre « juste place » et où placer la limite.

Si nous n'avons pas pu maturer dans l'enfance, il nous est toutefois possible de reprendre ce processus à l'âge adulte. Il ne s'agira pas de consommer sans limite, confortés dans une illusion de notre toute-puissance, comme nous le propose le modèle néolibéral. Il s'agira d'aller vers l'autre, et de mettre en place un contexte propice à l'intime. Nous y reviendrons.

Maturation de l'enfant

Avant d'avancer dans notre exposé sur l'amour et sur l'intime, il nous semble opportun d'ouvrir une parenthèse sur les besoins affectifs du petit enfant. Ces besoins affectifs, s'ils sont comblés, induiront une maturation saine. De nos possibilités, dans l'enfance, de maturer, dépend notre capacité, à l'âge adulte, de construire un amour profond et véritable. La qualité de nos amours est fonction de notre niveau de maturation, qui lui, dépend de la qualité des liens noués dans l'enfance.
Lorsque le processus de maturation n'a pu aboutir dans l'enfance, il peut toutefois se poursuivre à l'âge adulte, à condition d'être en recherche de l'autre et du lien, et donc, d'avoir pu jouir d'un intime au moins partiel avec l'un de nos parents. C'est dans nos tentatives pour aller vers l'autre, et pour co-construire un intime, que nous pourrons retrouver ce qui n'a pu être exprimé et vécu dans l'enfance. En creusant l'amour, nous apprenons à la fois à nous poser des limites, et à en poser aux autres. En creusant l'amour, nous nous mettons en condition d'entretenir des rapports plus apaisés au monde. Pour cela, il nous faut être en mesure de nous diriger, et de discriminer ce qui est bon pour nous (ce qui est constructeur de lien), de ce qui ne l'est pas (ce qui est destructeur de lien). En apprenant l'enfance et ses besoins, chacun affine sa conscience de ce qui aurait dû être, des limites et des frontières.

Quand il est tout petit, l'enfant doit pouvoir s'exprimer et s'affirmer totalement dans la relation à la mère. C'est une période où la toute-puissance doit pouvoir être comprise et validée. Ce sera la base du Moi plus tard. Le Moi, c'est-à-dire la capacité à pouvoir exprimer ses émotions, son ressenti, donc d'être en lien avec soi-même, en étant finement conscient de ses frontières, et, par conséquent, des éventuelles limites à poser à ses désirs et besoins. Pour cela, la toute-puissance doit pouvoir se vivre dans l'enfance. Si l'enfant ne la vit pas, il en sera frustré. Il ne pourra pas maturer. S'il ne peut pas maturer, il risque de rester toute sa vie bloqué sur la nostalgie d'une toute-puissance qu'il n'a pas pu vivre. Il jouera sans aucun recul le jeu néolibéral, et s'y enfermera. Ce sentiment réel de toute-puissance vécue dans l'enfance sera le socle de référence, toute la vie, pour apprécier nos relations aux autres et au monde. C'est à partir de lui qu'on peut apprendre à composer avec les autres, à (se) mettre des limites. La toute-puissance, pour le petit enfant, c'est la possibilité de s'exprimer totalement, sans limite. C'est aussi le fait d'avoir la totalité de ses besoins vitaux (dont les besoins affectifs) comblés rapidement.

L'individu brisé peut se réfugier dans l'irréel, l'irrationnel, et se détourner du monde pour tenter de vivre sa toute-puissance autrement. Évidemment, si on ne parvient pas à vivre sa toute puissance dans le réel, on va avoir tendance à le fuir, et se créer un monde fictionnel où elle semblera possible. Si on peut la vivre dans le réel, on imposera aux autres notre vision du monde afin qu'ils y adhèrent, qu'ils se soumettent à nos désirs et les valident. On fera des autres nos objets. On fera tout pour qu'ils le deviennent. Écartant ainsi toute possibilité d'amour.
Ceci explique la guerre des Egos actuelle, qui va croissante depuis les années cinquante. La lutte de tous contre tous est monstrueuse, car l'absolu du Moi se fait de plus en plus sentir. Il y a de moins en moins d'implication dans la relation de la mère à l'enfant, et avec les lois bioéthiques, ceci risque d'empirer davantage encore. Pas d'intime possible quand l'enfant est considéré non pas comme un sujet, un être à part entière mais comme un objet que nous façonnons selon nos fantasmes de toute-puissance.

Lois bioéthiques :

lois dont la volonté est la légalisation de certaines techniques de procréation assistée telles que la GPA (gestation pour autrui, pratique recourant à des « mères porteuses ») et la ROPA (technique de procréation visant à inséminer l'ovocyte d'une femme avec le sperme d'un donner anonyme, pour le transférer ensuite dans l'utérus d'une autre femme). Le sujet des lois bioéthiques a été développé dans notre précédent ouvrage, « Un pas vers une écologie de l'enfance », au chapitre 9, « L'avenir de l'enfance ».

L'absolu du néolibéralisme, c'est de rendre impossible tout retrait du monde. Celui qui s'adonne sans aucun recul au jeu de théâtre néolibéral n'est plus en mesure d'échapper aux regards du monde. Ses moments « intimes », il les dévoilent sur les réseaux sociaux. La sphère privée, devenant publique, n'est plus un lieu de relâchement, de détente, de retour au calme. Le monde extérieur n'est plus appréhendé en tant que tiers au sein des relations familiales. Il en devient le moteur central, imposant son rythme, au détriment des besoins fondamentaux du couple et de la famille.

Chacun, dans le couple, ne peut plus être totalement présent à l'autre, puisqu'il « doit » quelque chose au monde. S'il n'alimente pas ses profils Facebook (ou autres), il risque de ne plus exister. De la même manière, une mère tournée vers l'extérieur ne peut être présente à son enfant.
Elle ne peut pas ressentir dans sa chair les changements subtils et profonds qui la conduiraient normalement à s'investir corps et âme dans son rôle. Ne plus pouvoir se retirer du monde, c'est ne plus avoir d'intime possible.

Dans ses ouvrages, Donald W. Winnicott met en avant un état second, « modifié », dans lequel une femme tombe peu à peu au fur et à mesure de l'avancement de sa grossesse. Cet état second va l'amener à se focaliser, un temps, uniquement sur son enfant. Une mère sera ainsi encline à s'impliquer inconditionnellement dans son rôle.

De ce dévouement particulier, naît l'intime premier. La mère crée une sorte de bulle, de cocon, qui l'englobe elle et son enfant, et qui agira en tampon par rapport au monde extérieur. Elle va, de la sorte, se désintéresser un temps du monde extérieur, pour se consacrer à cet intime, cette bulle partagée avec son enfant. L'enfant peut ainsi s'y développer sainement et construire des frontières fonctionnelles. Plus tard, il sera en mesure d'interagir avec le monde extérieur en adoptant un bon rythme tension/détente. Il saura quand se tendre pour aller dans le monde, et quand se retirer, pour se restaurer (se détendre), dans l'intime.

Winnicott comparait cet état modifié de la mère à une sorte de maladie bénigne qui disparaîtrait d'elle-même dans les mois suivant la naissance. Une mère « suffisamment bonne » se détachait ainsi progressivement de son enfant. Elle se montrait de moins en moins disponible, même si présente. L'environnement de l'enfant devenait, au fil du temps, de plus en plus « carencé ». Selon Winnicott, ce processus progressif permettait la maturation de l'enfant et la construction de son sentiment de sollicitude.

Winnicott était un conservateur. Il avait une vision restreinte du moment où la mère se devait d'être totalement dévouée à son enfant. Il préconisait un arrêt de l'allaitement à 6 mois. Dans notre précédent ouvrage, « Un pas vers une écologie de l'enfance », nous avions abordé ses nombreux apports. Nous basant sur la bioanthropologie, et sur l'étude du mode de vie des chasseurs-cueilleurs égalitaires, nous avions également exprimé notre désaccord sur la période de toute-puissance nécessaire à l'enfant.

La vision conservatrice impose qu'il faut mettre un terme à la toute-puissance de l'enfant assez vite. La vision écologique, telle que nous la développons, établit, quant à elle, que la fin de la toute-puissance aura lieu petit à petit, de manière naturelle, par la confrontation avec le réel. Les volontés de toute-puissance finiront ainsi naturellement par diminuer, pour laisser la place à la capacité de sollicitude.

Nous partageons donc les grands principes établis par Winnicott. Nous considérons toutefois qu'il faut faire confiance à l'être humain (à la nature humaine) qui a été construit, depuis des centaines de milliers d'années, pour le lien, à travers le langage (la communication) et l'empathie (le non verbal).
L'être humain est naturellement fait pour croître dans la relation. C'est donc dans le lien, et non dans le retrait du lien, que cette maturation s'opère. Dans une tribu de chasseur-cueilleurs égalitaires, l'enfant sera peu à peu confronté au monde et à d'autres modèles comportementaux.
Cette confrontation aura lieu grâce aux alloparents, qui apporteront leur soutien à la mère, et, plus tard, grâce à son intégration dans un petit groupe d'enfants d'âges différents. Armé d'un début de sollicitude, chacun devra ainsi apprendre à composer avec la volonté de toute-puissance des autres.
Ceux-ci seront moins enclins à se montrer aussi patients et conciliants qu'un adulte, qu'une maman ou un papa (tout dépend des papas !).

L'invasion de l'enfant sera contrecarrée par les invasions des autres, celles-ci étant régulées par les adultes. Ce sont donc les enfants, par leurs interactions, qui se mettront des limites les uns aux autres. C'est à partir de 3 ou 4 ans qu'ils seront laissés au groupe. Les mères, quant à elles, reporteront leur attention sur un nouvel enfant[15].

Lorsqu'un enfant intègre un petit groupe d'enfants d'âges variés, sa toute-puissance ne peut plus s'exprimer totalement. Il s'agit d'un processus de socialisation, dans le sens le plus noble. La socialisation se traduit donc par un abandon de la toute puissance au profit de la capacité de sollicitude.

L'enfant apprend à intégrer des points de vue différents du sien, et à mettre de côté ses aspirations, ses désirs, ses besoins, à certains moments, pour prioriser ceux d'un (ou des) autre(s). Il apprend à s'autolimiter. Ce processus se fait naturellement si certaines conditions, liées aux besoins humains, sont remplies. Et il en est heureux, car cette autolimitation lui permet de combler son besoin de lien, de soutien, d'attention et d'amour. Il peut se construire.

Nous ne parlons pas, ici, d'une « socialisation » dans la douleur et la violence, comme cela peut se produire de nos jours. En crèche et en maternelle, le contexte n'est généralement pas le même que dans une tribu de chasseurs-cueilleurs égalitaires. Les enfants sont intégrés dans des groupes importants, et restent livrés à eux-mêmes, jusqu'à la violence.

[15] Chez les chasseur-cueilleurs égalitaires, l'espacement des naissances est, en moyenne, de 4 ans.

Si nous nous arrêtons sur ces notions, c'est pour vous montrer l'importance du contexte dans la construction de l'intime, qu'il s'agisse de celui d'une mère et de son enfant, ou dans le couple. Si nous souhaitons aller vers plus d'amour, il nous faut avant tout penser (et repenser) notre contexte de vie et l'influencer, afin que l'intime puisse survenir. Et dans l'intime, s'opère un retour à soi total, où la toute-puissance peut être à nouveau vécue. On peut s'exprimer sans limites, pleurer, hurler, dire ses besoins. Et être entendu sans être jugé par l'autre, humilié, rabaissé, frappé et même trahi.

La socialisation

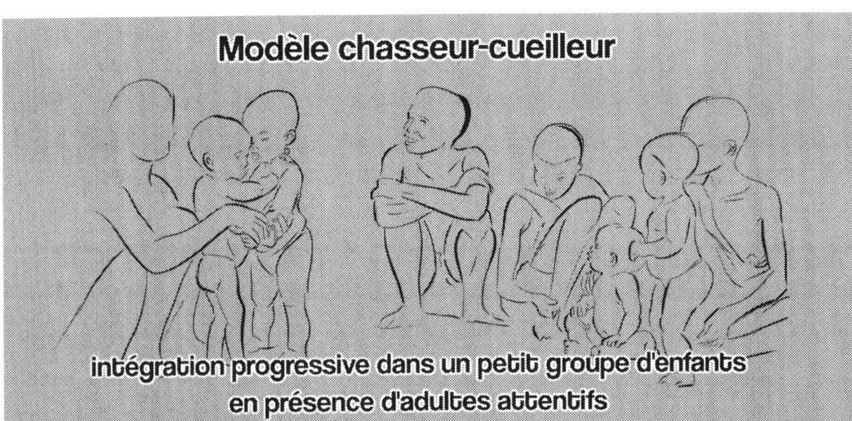

« Accéder à l'intime demande un travail sur soi, humanisant.
Nécessairement, la découverte de l'importance et des bienfaits du lien, de ce lien singulier et protecteur, mène à l'autolimitation. On se limite dans nos pulsions, dans nos désirs, même s'il est possible de soumettre l'autre, de le posséder, de le dominer et de s'en servir comme un objet, car cela détruit du lien. On voit le monde par transparence, comme essentiellement tissé de liens ; de liens qu'il faut préserver pour ne pas porter atteinte à notre propre équilibre, pour croître et durer. Le néolibéral, celui qui obéit à l'injonction « no limit » de la satisfaction immédiate du moindre désir, aux dépens de ses semblables, ne connaît pas l'intime. Il ne peut, compte tenu de la définition même de l'intime, le connaître. »
Olivier Lafay, Access Autonomy, Méthode Lafay 2A

Chapitre 4 :

Narcissique, moi ?

« (...) le problème fondamental du narcissisme : le déni de tout sentiment et l'absence totale de limites. On considère volontiers aujourd'hui que les limites imposent des restrictions superflues au potentiel humain. »[16]

[16] Alexander Lowen, « Gagner à en mourir ». Alexander Lowen était psychiatre et fondateur de la bioénergie.

Poursuivons sur le narcissisme de nos sociétés contemporaines, et ses conséquences sur le rapport à l'autre.

Si la toute-puissance n'a pas été vécue dans l'enfance, l'individu va grandir, obnubilé par lui-même, dans une volonté de toute-puissance pervertie. Il va, de ce fait, subir de plein fouet la quête identitaire. On va continuer à se comporter comme un enfant. Parce qu'on n'a pas pu être un enfant. Enfant, par manque d'intime et d'expression de toute-puissance, en étant en décalage avec ce qu'est vraiment une vie pleinement humaine.
Adulte, nous restons en décalage, car notre volonté profonde d'être enfin un enfant envahit nos rapports avec les autres.

Ce qui se passe, c'est que, lorsqu'on est complètement autocentré, on ne se rend pas compte de certaines choses.
Lorsqu'on parle à l'autre dans un couple, on n'a pas assez de distance pour se rendre compte que l'autre n'est pas à l'intérieur de nous. On est tellement invasif, tellement à vouloir satelliser l'autre autour de soi, par tout un tas de rapports de force, par tout un tas de jeux. Nous n'en avons pour la plupart pas conscience.
On va donc l'envahir.

On voudrait que l'autre soit à l'intérieur de nous-même, on voudrait l'absorber, mais, en réalité, il n'est pas en nous. Donc, quand on parle de Soi, on ne se rend pas compte que l'autre n'a pas vécu notre enfance, notre vie, et on se raconte : « j'ai fait ci, j'ai fait cela, ma grand-mère a fait ci, j'ai vécu cela, etc. ».

C'est très important pour nos relations, parce que c'est un fait dont nous n'avons, en général, absolument pas conscience. On ne se rend pas compte que l'autre n'est pas dans notre tête, et qu'il n'a pas accès à ce vécu, à ces images, à ces sentiments, à ces émotions. On décalque sur lui nos sentiments et nos émotions.

Nous sommes là, à vouloir un intime, mais à ne pas pouvoir y accéder, parce qu'il nous manque une distance par rapport à notre propre vécu, de bonnes frontières, et une reconnaissance de l'autre, dans sa différence, dans son altérité. Il nous manque la reconnaissance du fait que notre vécu n'emplit pas le monde. Il n'est pas le monde. Cette vision magique que l'on a des autres et du monde, il faut pouvoir s'en défaire. Sinon, nous resterons à jamais frustrés dans nos relations.

Peut-être que ceci vous fait quelque chose dans le cœur, dans la tête, ou dans le bide. C'est en tout cas quelque chose de fondamental à comprendre, parce que la plupart d'entre nous, dès qu'il a l'occasion de parler, il parle, il se raconte, et souvent il se sent soulagé d'avoir parlé, d'avoir vidé son sac, mais sans réaliser qu'il s'est soulagé sur l'autre. L'autre, nécessairement, ne peut pas partager le même soulagement. Cela ne veut pas dire qu'il ne faut pas vider son sac de temps en temps. Mais il faut mesurer dans la relation l'espace alloué à la parole.

Si l'on n'est pas dans une relation intime, au sein de laquelle le non-verbal devient prioritaire, fondamental, et que l'on ne peut pas assumer notre solitude existentielle profonde[17], la relation à l'autre ne pourra que se déliter, parce qu'on apporte de l'incompréhension et de la lassitude dans la relation. Surtout si on répète toujours la même histoire...

Ainsi, pour transmettre davantage que le discours, la communication doit intégrer la dimension de l'ineffable. Ce qui ne peut être dit par les mots doit pouvoir être dit par le corps. Pour que le corps puisse exprimer quelque chose, et que l'autre soit capable d'en déchiffrer le sens, il est nécessaire d'être ensemble dans la détente. Chacun doit pouvoir être présent à l'autre. Si l'on ne partage pas de temps ensemble, et une majorité de temps ensemble, le langage non verbal transmis par le corps de l'autre risque de rester inaccessible pour nous.

[17] On est construit de cette solitude là, puisque on est une seule et unique personne, des individus, et c'est ce qui fait, aussi, la richesse de l'être humain.

Avant l'avènement du néolibéralisme, un couple passait ses journées ensemble. Il partageait un même travail, qu'il s'agisse de la tenue d'un commerce ou de travaux des champs. Il faisait donc corps au quotidien, et non uniquement dans le sexe.

Si chacun, dans le couple, est séparé par des boulots différents, énergivores et chronophages, et que les temps de détente (week-ends, vacances) sont dévolus à la fuite (éviter de se voir, de se rencontrer), comment l'intime peut-il se mettre en place ? Comment ne pas être autrement que dans une relation de consommation de l'autre, dans une invasion de sa bulle, et vice-versa ? Comment saisir le corps de l'autre ? Ses messages ?

De par le contexte, chacun ne peut être qu'accaparé uniquement par son vécu, ses sentiments, ses émotions, qu'il n'a pas partagé avec l'autre, qu'il n'a pas vécu avec lui. La confrontation, dans le couple, ne peut se limiter qu'à deux « Moi-Je » désirant, plus que tout, se décharger l'un sur l'autre.
Chacun sera poussé par le besoin impérieux et humain de faire du lien, et de « se dire », de « se raconter » à un autre ; tout en étant incapable d'agir de même avec lui, restant uniquement préoccupé par ses propres manques, par son propre vécu. La réciprocité constituera une barrière difficilement franchissable.
Chacun, dans le couple, ne sera pas en mesure d'être disponible pour l'autre. Il ne pourra être attentif à ses véritables besoins et en capacité de l'accueillir. La décharge (par les mots, par le sexe) s'avèrera donc épuisante et frustrante. Le couple se consumera et l'amour se consommera, dévoré par les volontés de toute-puissance frustrées de l'un et de l'autre.

Si l'on désire aller vers l'amour, il nous faut repenser le rythme néolibéral, qui admet peu de place pour la détente, pour y instaurer des temps de pause, destinés au relâchement et au lien. Cultiver un potager ensemble, produire des poissons avec un système aquaponique, accueillir des ânes, aller dans un musée, à un concert. Côte à côte. Se promener dans la campagne ou dans la forêt, écouter de la musique, etc., sont autant de choses qui peuvent permettre de ralentir, et de faire (ou refaire) corps ensemble.

J'ai été tant de fois blessé par les autres.
Je donnais toujours tout de moi, et eux en profitaient en abusant de moi.
Comment pourrais-je m'ouvrir à nouveau ?
Comment pourrais-je avoir confiance ?
J'ai l'impression d'être un extraterrestre, alors que je demande simplement un peu d'écoute.

Tu sais, ce matin, j'ai été voir Geoffrey, qui m'a expliqué la manière dont je pouvais optimiser Excel pour l'entreprise. Visiblement, il y aurait une fonction simple qui permettrait de blablablabla… A midi, je n'ai même pas mangé. Mon chef m'assomme de travail. Je n'arrive pas à m'affirmer pour lui dire que c'est trop, qu'il doit me respecter, que j'ai des besoins, et que je ne peux pas faire un travail dans ces conditions blablablablabla…
Dis, tu m'écoutes au moins ?
Mon couple est insatisfaisant.
Avec ma femme,
nous ne baisons plus depuis longtemps.
Je lui parle, et elle ne m'entend même pas. Elle ne s'intéresse absolument pas à moi.
Je ne peux rien lui dire, car tout est prétexte à la crise.

J'en parle à mon psy. Je ne sais même pas s'il m'écoute.
Il peut, vu la note en fin de séance.
Je reste là, pendant 45 minutes, à parler dans le vide, comme un con.
Ce que je dis est inintéressant. Ma vie est inintéressante. Je me sens juste complètement vide.
Peut-être devrai-je aller voir une pute.
Au moins, j'aurai les couilles vides.

Je pourrai continuer de vous écouter toute la journée, et répéter cette séance demain, après-demain et ainsi de suite durant 10 ans, votre situation n'évoluerait pas.
Vous n'avez pas besoin que quelqu'un vous écoute.
Vous avez besoin d'apprendre à vous taire.
La personne que vous trouvez en face de vous compte pour le moment très peu : elle n'existe pas. Vous êtes désespérément en demande d'amour, mais vous vous y prenez très mal. Ce n'est pas en envahissant constamment l'autre que vous parviendrez à vous sentir proche de lui.
Arrêtez-vous, et observez votre femme.
Observez-la vraiment.
Vous ne savez pas qui elle est.
Oh, vous savez qu'elle est sortie mercredi avec sa tante, et qu'elle n'a pas apprécié le dernier repas de famille.
Mais savez-vous ce qu'elle aime vraiment ?
Je ne parle pas de shopping, ou du dernier gadget que vous lui avez offert.
Connaissez-vous les caresses qui l'amènent à se détendre ?
Le toucher ou le mot qu'il faut, à tel ou tel moment, pour que son corps se mette à vibrer, à se liquéfier, dans l'attente d'un contact plus appuyé ?
Ce dont vous avez besoin, ce n'est pas de parler, mais d'apprendre à vous dire autrement qu'avec des mots.
Ce dont vous avez besoin, c'est de faire. D'apprendre de nouveaux comportements.
Sans cela, vous ne serez jamais en lien avec quiconque.

Quelques mois plus tard...
Se dire avec le corps, c'est tout aussi bien !

CHAPITRE 5 :

GUÉRIR DU MAL D'AMOUR… GRÂCE À UNE THÉRAPIE ?

« Nous avons découvert qu'amener des traumatisés à trouver les mots pour décrire ce qui leur est arrivé les aide significativement - toutefois, en général, cela ne suffit pas. (…) Pour qu'il y ait un vrai changement, le corps doit apprendre que le danger est passé et à vivre dans la réalité du présent. »[18]

[18] Bessel Van der Kolk, « Le corps n'oublie rien ».

Si l'on ne parvient pas à être heureux en amour, que l'intime nous parait inaccessible, une thérapie peut-elle nous aider à guérir du mal d'amour ?

Nous venons de voir, ensemble, que l'amour véritable, profond et régénérateur, est le fruit de l'intime. Celui-ci peut être vécu dans le couple, entre un parent et son enfant, mais également entre amis ou avec un thérapeute. Toutes les thérapies ne permettent toutefois pas l'intime.

Le chapitre précédent, consacré à l'ineffable, nous pousse d'ores et déjà à tirer certaines conclusions : les thérapies par la parole sont incomplètes.
Dans son ouvrage, « Le corps n'oublie rien », Bessel Van Der Kolk[19] écrit que les thérapies par la parole ne suffisent pas à guérir du figement. Elles sont incomplètes. A un moment donné, il faut passer par le corps. Bessel Van Der Kolk s'est spécialisé dans le syndrome de stress post-traumatique et dans sa résolution. Pour guérir d'un traumatisme, le corps doit être mobilisé. Ce qui ne peut se dire par des mots, pourra alors être dit (par le corps)... Et être guéri.

Il en va de même pour les traumatismes de la vie que pour le mal d'amour. Si l'on ne peut aller vers l'autre, s'il nous est difficile d'être en lien et de construire un intime, c'est que, quelque part, dans notre histoire personnelle, nous nous sommes figés[20]. Et pour sortir du figement, nous avons besoin de nous laisser aller dans une relation d'intime.

---

[19] Psychiatre américain.

[20] Dans notre précédent ouvrage, « Un pas vers une écologie de l'enfance », nous avions abordé en profondeur le figement, ses causes et ses conséquences, ainsi que la sortir du figement.

Ce, pourquoi, justement, nous rencontrons d'importantes difficultés... Le serpent se mord la queue ! Le cadre de la thérapie rend parfois possible ce qui ne l'était pas (le lien, l'intime). Les relations, clairement établies et définies, offrent la sécurité nécessaire pour pouvoir abandonner tout contrôle.

L'intime passe par le corps, par ces moments où l'on ne se dit pas, où l'on n'a pas besoin de se dire, et où quelque chose passe. C'est là où la parole cesse pour laisser la place à la relation profonde.

Chez Peter Levine, on retrouve également certains éléments constitutifs de l'intime. Seulement, autant chez Bessel Van Der Kolk que chez Levine, la dimension de l'intime n'est jamais directement abordée. Le lien profond unissant deux êtres humains, au centre de la thérapie chez Levine, n'est pas conceptualisé comme relevant de l'intime. Ses propos, fondamentaux, peuvent être intégrés et rassemblés grâce à cette notion.

Pour chacune de ses thérapies, Levine essaie de construire une relation profonde et empathique. A un moment, la parole cesse. Selon lui, ce qu'il faut, en tant que thérapeute, c'est parvenir à ressentir ce que l'autre ressent. Levine va même jusqu'à dire qu'un bon thérapeute doit pouvoir pleurer avec son patient lorsque celui-ci est atteint par les larmes. Il ne pleurera pas par sympathie, mais par empathie, c'est-à-dire qu'il ressentira profondément la détresse de l'autre. Ceci, et Levine ne le dit pas, est rendu possible parce qu'il aura su établir un intime. C'est-à-dire un moment où la parole cesse, et où le vécu passe, se transmet, par le corps, les émotions.

Levine met également en avant la place du jeu avec les enfants qu'il reçoit en thérapie. Par le jeu, et les partages qui en découlent, il crée une bulle avec l'enfant, à l'écart du monde. Il crée un intime avec lui. Quand un enfant ne peut pas jouir d'une telle bulle avec ses parents, celle créée avec son thérapeute lui permet de vivre une période d'apaisement et de se régénérer. C'est dans cet espace intemporel que les traumatismes peuvent s'exprimer et être aboutis.

Dans l'un de ses ouvrages, Levine prend l'exemple d'un enfant avec qui il partageait des jeux et mises en scène de la vie quotidienne. Lors d'une séance, alors qu'ils jouaient tranquillement, l'enfant se mit à hurler et à courir dans toute la pièce. Il avait exprimé quelque chose, un trauma, et avait ainsi pu sortir du figement grâce à l'intime, grâce à tout ce qui avait pu passer, se dire, sans être dit (par la parole).

En dehors du cadre thérapeutique, le jeu peut également constituer une porte d'entrée si l'on désire construire ou creuser un intime avec notre enfant. L'important, c'est qu'il n'y ait pas d'attentes du côté du parent. C'est-à-dire que le jeu ne doit pas être quelque chose de sérieux pour nous (il peut l'être pour notre enfant). Il ne doit pas non plus être l'occasion de vérifier ses performances scolaires, ni comporter de règles trop contraignantes et restrictives. Par « jeu », nous entendons, ici, tout partage avec l'enfant au sein duquel une nouvelle dimension apparaît. On peut inventer des scénarios, laisser travailler son imaginaire, et mettre en scène certains personnages, ou se mettre en scène, par exemple.

S'il ne comporte pas d'enjeux trop importants (en apparence), le jeu représente un temps de pause au sein duquel le relâchement est possible. Une bulle se créée, et renforce le lien. C'est l'intime.

On peut également instaurer la dimension du jeu dans nos relations adultes. Les effets en seront les mêmes (partage, relâchement, intime), excepté que la nature des jeux divergera. On ne jouera pas aux petites voitures, par exemple. Enfin, tout dépend des adultes !

La dimension du jeu est fondamentale dans la relation intime. Précisons qu'elle ne se limite pas, dans ce cadre, au sexe. Si on ne peut pas jouer avec l'autre, on ne peut être véritablement dans le lien, dans l'intime. Nécessairement, il y a en nous un certain figement, qui nous empêche d'aller vers l'autre en étant dans le relâchement. Trop sérieux. Trop guindé. Trop figé.

La dimension du jeu se traduit, en couple, par l'humour. Celui-ci constitue également un outil pour décaler sa pensée et envisager d'autres points de vue, d'autres possibles. Vous rejoignez-vous dans l'humour ? Partagez-vous des rires ? Par ses taquineries, le couple ouvre un espace de connivence, de partage, au sein duquel l'acceptation et l'ingérence se rejoignent. Il permet de dire, au-delà des mots, toute la tendresse que l'on ressent pour l'autre. Le lieu ne se limite plus à la parole. Le partage passe essentiellement par le corps, les émotions, les non-dits. L'ineffable. Les jeux de séduction représentent également un moyen d'entrer en relation avec l'autre, de se mettre au diapason, dans une bulle à l'écart du monde. On se taquine, on se touche, on s'attire, on ramène l'autre à nous (au couple), par un geste, un mot, un souffle.

Ainsi, si l'on veut se raconter, se dire, et dire ce qu'on a sur le cœur, on ne peut simplement passer par le discours. Nécessairement, la parole doit cesser à un moment donné. Pour se raconter, il nous faut passer par l'ineffable. Pour ce faire, il nous faut pouvoir être en lien avec l'autre, construire un lien fort avec lui, ce qui n'est possible que si l'on se sent protégé du monde. Il faut se sentir protégé, en confiance. Malheureusement, la plupart du temps, nous allons à l'inverse de tout cela. Nous ne savons construire cette ressource fondamentale qu'est un abri juste pour deux. Un abri inviolable.

Pour en revenir à la thérapie, il est évident que lorsque l'on va chez un thérapeute, et que l'on se raconte, c'est pour se décharger. Lui, il est là, car il en tire une rémunération, car il gagne 60 ou 70€ à la fin de votre séance. Il recueille votre témoignage, mais cela ne l'intéresse pas forcément. Imaginez si vous voyiez une dizaine de personnes par jour, toute la semaine, et cela durant des années. Un thérapeute va entendre énormément d'histoires, et, si la thérapie est uniquement basée sur la parole, il ne peut pas être disponible pour tout le monde. C'est très lassant. Quand on ne fait que parler, on lasse l'autre, on l'épuise. Ce qui compte c'est le lien profond, la relation profonde. Il y a alors une grande part de silence.

Ce que chacun cherche, c'est une relation profonde, lui permettant d'avoir sa place dans l'univers, dans le monde, dans la vie. Une relation qui donne du sens à notre vie. L'être humain a besoin, pour exister, d'une force affective, d'un intime. Si on ne le trouve pas dans notre relation de couple, dans notre famille, on s'étiole.

Seul l'intime est doué du pouvoir de guérison. Il est thérapeutique. S'il n'y a pas d'intime dans une thérapie, s'il n'y a que la parole, on passe à côté d'un mieux-être véritable. La thérapie restera incomplète, morcelée, frustrante. Le vrai chemin, c'est le lien. Si le thérapeute ne comprend pas cela, il n'y aura pas une construction de la personne qui le conduira à chercher le lien, soit en couple, soit avec la famille ou des amis.

Ceci exige donc un investissement très fort de la part du thérapeute. Peter Levine écrit que certains thérapeutes en sont incapables, car ils sont incapables d'être dans la relation et dans l'empathie. Il écrit que ce sont de mauvais thérapeutes. Les thérapeutes incapables d'être en lien avec leurs patients n'interagiront avec eux, que pour confirmer leur propre vision du monde. Cette dernière ne leur aura toutefois pas appris à faire du lien, à aller vers et intégrer l'autre. Elle n'est donc (et ne sera jamais) facteur de bien-être et de croissance véritables.

Ainsi, dans le couple, il est possible de parler beaucoup, afin de ne pas se dire. C'est-à-dire que l'on va ainsi bloquer le lien, bloquer l'intime. Plus on est en demande, plus on essaiera d'avoir du pouvoir sur l'autre pour essayer de se gratifier, et de répondre à une quête narcissique. Plus on étouffera le lien. C'est normal. On va submerger l'autre de soi-même, d'un discours que l'autre ne peut pas intégrer, parce que ce discours est amputé d'une dimension fondamentale. Il faudrait pouvoir inverser le système, c'est-à-dire être davantage dans l'intime, dans la réciprocité, et moins dans les relations de pouvoir.

En se taisant, en étant dans une bulle à l'abri du monde, et ainsi pouvoir se raconter, se dire, mais par le corps.
Il faut ÊTRE ensemble, FAIRE ensemble.

Mais comment mettre en place cette bulle ? Comment parvenir à aller véritablement vers l'autre, dans la détente ?

Pour qu'il y ait relation de confiance, il est nécessaire de pouvoir se mettre à la hauteur de l'autre. C'est ce vers quoi l'on tend lorsqu'on intègre la dimension du jeu dans la relation. On se met en condition d'être plus ouvert à l'autre, plus souple. C'est un nouveau « jeu[21] » qui vient supplanter les règles relationnelles du couple, qui régule et encadre la construction de chacun.
À l'âge adulte, la dimension du jeu impose de ne pas se prendre trop au sérieux. C'est-à-dire que le rapport à la toute-puissance doit évoluer, un minimum, vers l'intégration de l'autre, vers un début de sollicitude. Il faut pouvoir se dire « Hé bien, je tiens –pour le moment- beaucoup à agir de la sorte, à bouder, à pester, par exemple ; même si cette situation n'impose pas ce type de comportement, et j'ai conscience que l'autre peut trouver cela assez curieux, et qu'il peut s'en amuser ».
À nouveau, pour intégrer un plus grand recul sur nos comportements, et accéder à un autre niveau de complexité dans la relation, il est nécessaire que l'un ou l'autre, dans le couple, ne soit pas appréhendé comme un ennemi.

[21] Ici, nous entendons le mot « jeu » au sens de Berne. Eric Berne a écrit « Des jeux et des hommes ». Il y expose certains modèles et schémas relationnels au sein desquels les couples peuvent s'enfermer. En augmentant la marge de manœuvre du couple, on se met en mesure de créer de nouveaux jeux, plus épanouissants.

Si l'on a peur, à chaque instant, que nos failles soient utilisées pour nous détruire, nous ne serons jamais en mesure d'accéder à un regard sur l'autre et sur soi qui soit à la fois amusé et attendri. Il faut que les règles relationnelles reposent sur la réciprocité et l'égalité.

Et l'on doit poser la confiance comme un préalable, un absolu, une règle irréductible.

Lorsqu'on est dans une relation adulte, chacun dépose les armes pour se laisser aller complètement à l'autre. On se laisse aller à son regard, à son ingérence ; parce qu'on sait qu'elle est également acceptation pleine et entière, et qu'on est au même niveau. Avec un enfant, c'est très différent.

Il est important que l'adulte puisse se mettre à la hauteur de l'enfant, mais il ne peut toutefois pas oublier la place de chacun.
L'enfant reste un enfant, et doit être considéré comme tel. Il n'a pas les mêmes besoins qu'un adulte. Il n'a pas les mêmes capacités. On ne peut attendre de lui une acceptation pleine et entière, tout comme on ne peut attendre de lui une ingérence. L'enfant qui doit gérer son parent ne jouit pas d'un intime avec lui. Ses frontières n'étant pas assez solides, il ne peut que se faire envahir. Il ne peut plus être à sa place d'enfant. Il ne peut plus vivre son enfance.

En thérapie, nous comparerons les modus operandi d'Alexander Lowen (fondateur de la bioénergie) et de Peter Levine. Alexander Lowen se posait toujours en père supérieur. Lui était au-dessus, et ses patients en dessous. Lui détenait la vérité. Automatiquement, il ne peut pas y avoir de lien.

Le patient ne pouvait remettre en question ses remarques, questions et recommandations. Il ne pouvait y avoir, au mieux, que de la décharge, mais sans construction. Alexander Lowen s'est, toute sa vie, enfermée dans une attitude mécanique, avec la bioénergie, où il fallait taper avec des raquettes sur un lit, etc. Jusqu'à sa mort, sa pratique n'a pas évolué. Elle n'a pas mûri. C'est ce qui se produit quand on ne parvient pas à construire du lien.

Peter Levine, quant à lui, considère qu'un thérapeute doit se mettre au même niveau que l'autre, c'est-à-dire qu'il doit y avoir égalité et réciprocité. En bioénergie, s'opposant à Alexander Lowen sur la nécessité d'une dominance du thérapeute, Guy Tonella prenait l'exemple d'un patient avec lequel il était resté sous une couverture durant des heures, sans rien dire.

C'est la même chose dans le couple. Quand on se met dans une bulle, il faut qu'il y ait égalité et réciprocité. Dès que l'on cherche à prendre le pouvoir et à diriger l'autre en pensant être dans l'intime, on n'y est plus. L'intime, c'est un rapport d'égalité. C'est-à-dire qu'on doit essayer de ne pas envahir l'autre, et vice-versa. Si l'on tente de dominer l'autre, consciemment ou inconsciemment, on se comprend, on l'écoute. S'il nous dit « Tu es occupé de m'envahir, là », on s'arrête et on fait marche arrière. On essaie de construire une relation de réciprocité égale. On peut jouer à dominer, à taquiner en faisant mine de prendre du pouvoir sur l'autre. Mais on est prêt à se retirer immédiatement s'il se raidit. Le jeu de la dominance, dans l'intime, obéit à une logique souple de flux et de reflux.

Dans la relation thérapeutique, Levine est plus dans cette démarche là. Il va toucher le patient. La thérapie va donc intégrer des moments lors desquels le thérapeute va toucher son patient. Dans son ouvrage, Babette Rothschield[22] explique qu'elle est contre les contacts corporels.

[22] Babette Rothschield, « Le corps se souvient ».

Elle explique qu'on n'a pas besoin de cela en thérapie, et qu'il s'agit d'une invasion dans la bulle du patient. De notre côté, nous pensons qu'une vraie thérapie intègre nécessairement, à un moment donné, du contact. Parce que la relation mettra en avant la dimension du corps, le silence, et la construction d'une bulle commune pour créer de l'intime. Si le thérapeute érige un mur entre le patient et lui-même, il y aura un cap au-delà duquel il ne pourra aller. La thérapie ne pourra plus avancer. S'il ne peut se mettre à la hauteur de son patient, il ne peut pas partager avec lui ce qui ne peut être dit. Il ne peut accéder à l'ineffable.

CHAPITRE 6 :

L'INTIME POUR GUÉRIR DU MAL D'AMOUR

« Ils montaient dans la nuit et la paix, vers le ciel étoilé, ils oubliaient la Terre et ses horreurs absurdes. Ils étaient ensemble, ils étaient bien, chaque instant de bonheur était une éternité. »[23]

[23] Barjavel, La nuit des temps.

Si l'intime est guérisseur, c'est parce qu'il répond à l'un de nos besoins biologiques premiers. L'être humain, mammifère social, a avant tout besoin de se sentir profondément relié à quelqu'un.

Il en a besoin, autant qu'il a besoin de respirer, de boire et de manger.

Ce qui est intéressant, c'est que, dans l'intime, parfois, on ne dit rien, ou l'on dit des choses qui paraissent banales, mais le contexte et les échanges non verbaux conduisent à une réelle guérison.

Avec quelques mots, ou par l'absence de mots, ce qui passe de l'un à l'autre dépasse ce qui aurait pu se dire par le langage. On revient à un niveau de basse complexité, au sein duquel le corps et les échanges non-verbaux prévalent.

Dans l'intime, on parvient à accorder deux rythmes différents, des individualités radicales, pour ressentir ensemble, vivre ensemble, battre à l'unisson. Cela passe par le souffle, la respiration, par le regard, par le toucher, par le rythme cardiaque (qui s'apaise) ; par une détente profonde qui touche ce qu'il y a de plus primaire, de plus animal en chacun d'entre nous, en tant qu'êtres humains. Se sentir en paix, car à sa place dans le monde, pleinement acceptés.

La capacité de guérison, dans l'intime, s'opère dans le cadre d'une thérapie, mais également dans le cadre du couple. Le principe de l'intime, c'est qu'il est constructeur et régénérateur avant tout.

Que recherchons-nous dans l'intime ? On recherche soit d'être très proche, soit d'être pris dans des bras. On cherche cette relation régénératrice et sécurisante, que l'on avait avec notre mère lorsqu'on était tout petit, ou que l'on aurait dû avoir.

C'est ça que l'on recherche le plus, ce moment d'unité totale où l'on se recompose, où l'on se reconstruit, parce qu'on est totalement protégé. On a en profondément besoin. Plus on est confronté au stress de la vie, plus on est confronté à de l'altérité, plus on aura besoin, à un moment donné, de retourner dans cette bulle, en sécurité, pour pouvoir accéder à nouveau à cet intime-là, qui est l'intime premier.

Excepté qu'à l'âge adulte, il ne s'agit plus d'un intime premier, mais d'un intime second. Il ne s'agit plus d'un intime entre une mère et un enfant, mais entre deux adultes. C'est là où c'est très différent, parce qu'il y a la dimension protectrice réciproque. Apparaît donc, la dimension de la réciprocité et de l'égalité dans la relation.

Ces concepts, ces éléments, sont au fondement de tout. L'intime, c'est ce qui va nous permettre d'avoir la foi et de la maintenir, de pouvoir donner un sens à notre vie, de pouvoir se trouver à notre place dans la vie. Grâce à l'autre, je peux me régénérer, me construire. Tout cela se passe dans l'intime, parce que l'intime est nourricier.

Pour compléter la définition de la réciprocité, nous vous partageons un article d'Olivier : « Le véritable amour », 24 mars 2017[24].

En fait, l'art de recevoir et de donner, l'art de prendre et de donner sont intimement liés si l'on veut parler de « vrai amour ».
C'est toujours soi qu'on gratifie en donnant. Aucun acte n'est déconnecté de notre égo. Quand je suis généreux, c'est parce que cela me satisfait, me gratifie.
Mais il y a plusieurs degrés de gratification, de l'exploitation unilatérale à la réciprocité facteur de croissance mutuelle.
De l'égoïsme « pur » à l'altruisme (qui est un égoïsme bien compris, complexe).
Donc, on prend aussi lorsqu'on veille à donner, mais en étant bien davantage capable de respecter l'autre, et non plus seulement le considérer comme un objet à soumettre, à utiliser, consommer (et jeter ensuite en se racontant des histoires pour le justifier).
Le véritable amour est équilibre entre domination et soumission, jouir de l'autre et faire jouir l'autre. En alternance et simultanément... C'est un va-et-vient permanent, un mouvement permanent où l'on prend tout en donnant, où l'on exploite tout en se faisant exploiter, en conscience, avec comme but la croissance mutuelle.
C'est une relation où le « je suis à toi, totalement à toi » est profondément ressenti et mis en œuvre, sans jamais que la liberté de chacun ne cesse d'être et de croître, sans jamais que les rapports ne soient dégradants pour l'un, l'autre, les deux. La conception de la dignité, telle que professée par Gregory Bateson, est toujours là, présente en nos esprits. Je suis à toi, totalement, car je suis pleinement en confiance...Quand je m'oublie en nous, je n'oublie rien.

---

[24] https://olivier-lafay.com/le-veritable-amour/

1 – l'amour trivial.
Alors, oui, comme il dit (dans la vidéo[25]), l'amour primaire, superficiel, n'est que consommation de poisson. C'est le plus fréquent, et c'est pour ça que l'amour tel que l'envisagent la plupart des gens meurt bien vite. Une fois que le poisson est mangé, c'est fini, oui...

2 – un premier recul dans l'amour.
On doit saisir que c'est pas le poisson pour lui-même qu'on aime, mais son goût, ce qu'il nous donne. Tant de gens épuisent leur "amour" rapidement car ils ont fini de consommer l'objet qu'ils croyaient aimer "pour la vie"... Ils se mettent parfois à déprécier l'amour, car ils ne comprennent pas que c'est leur ignorance qui est cause du désamour.

3 – Amour et réciprocité (apprendre à connaître l'autre, qui il est, d'où il vient, ses conditionnements, ce qu'on peut lui donner).
On doit saisir qu'il faut une réciprocité. Mais que puis-je donc donner à l'autre? Que sais-je de lui, de ses désirs? Et lui, que sait-il de lui-même? Souvent rien... Difficile d'installer une réciprocité dans ce cas !
Gnothi seauton (apprendre à se connaître soi-même est la règle première, et on n'a jamais fini d'apprendre à se connaître).

4 – Amour et croissance (les règles cybernétiques du développement humain intégral).
On doit saisir ce qu'est une croissance mutuelle. C'est

[25]Cet article est illustré à l'aide d'une vidéo, dans laquelle un vieil homme disait que l'amour primaire, c'est comme "manger du poisson". Une fois que l'on a mangé le poisson, il n'y a plus rien, plus d'amour...

la complexification d'un système biologique par intégration de nouvelles données... qui lui permettent de jouir profondément de la vie et de lutter contre l'entropie (de résister au temps, de bien vieillir, d'être bien dans sa peau, en santé).
Croître et faire croître, c'est là que réside un amour d'un niveau supérieur, qui ne s'épuise pas, qui est renouvellement constant. L'arrêt de la croissance d'un système, c'est sa rigidification (inhibition, perte de souplesse physique et comportementale). Il devient alors plus fragile, plus facile à briser, il s'use plus vite et tombe plus facilement en dépression. Il vieillit plus vite et n'est peu à peu plus que peines.

5 – L'Aristophane batesonien. Aristophane meets Edgar Morin.
On doit saisir ce qu'est le don absolu de soi, réalisé à deux.
Et là on trouve cette actualisation du mythe d'Aristophane, nourri de cybernétique : lutter contre l'entropie et favoriser la croissance tout en étant fusion entre deux êtres, installés sur un territoire commun, qui ne condamne pas la liberté des individus. Le véritable amour, le plus fort qui puisse être, donc le plus gratifiant et épanouissant pour deux êtres, est dialogique. En me soumettant, je domine; en donnant je prends. En m'éloignant (conservant ma liberté) je me rapproche (je fusionne ma liberté avec celle de l'autre).
Ceci est impossible sans culture.
Il ne s'agit pas seulement de vouloir faire le Bien (de l'autre, ici), comme le prescrivent toutes les religions, il faut, tel que l'enseigne Socrate, se poser la question de ce qu'est mal agir, comment ne pas faire de mal. Et cela demande de s'ouvrir à de nombreuses informations, notamment à celles qui décortiquent nos conditionnements biologiques et socio-culturels.

Lorsqu'on reste enfermé dans la quête identitaire, dans le narcissisme contemporain, on cherchera à ce que l'intime soit nourricier pour soi. Mais, pour ce faire, on dévore l'autre. Par le rapport de force, par le pouvoir et par cette invasion de l'autre par le discours, on dévore l'autre pour se nourrir soi-même.

Tout cela, parce que notre maturation n'a pas pu se faire. On reste bloqué à un stade juvénile, parce qu'on n'a pas pu jouir d'un intime avec notre parent, ou de manière incomplète.

Pendant un temps, mais pas suffisamment ; pas du tout ; ou de façon défaillante.

Se nourrir de l'autre

Avec l'intime **Sans l'intime**

Certains évènements peuvent conduire à un arrêt brutal de l'intime, comme la crèche, par exemple. L'enfant, séparé trop précocement de sa mère, ne peut plus croître dans le lien intime avec celle-ci. Il reste toute la journée dans un état d'urgence, en attente de son retour[26]. S'il n'y passe pas trop de temps, et que les conditions y restent humaines (peu d'enfants, stabilités des alloparents, personnel conscient des besoins d'un petit enfant), il pourra toutefois se régénérer auprès d'elle, et dire son mal-être. Si cela ne lui est pas possible, sa maturation sera empêchée.

Il parait intéressant de faire un parallèle avec le monde animal. Pour la plupart des mammifères sociaux, le sevrage détermine le fonctionnement futur d'un individu.

Ses capacités à se lier à d'autres, ses comportements et son caractère seront largement influencés par la relation première vécue avec la mère. Si le sevrage a lieu de manière trop précoce, celui-ci aboutira, soit, à la mort, soit à la persistance de comportements juvéniles.

Prenons l'exemple du chien[27] : un chiot sevré trop tôt présentera des comportements « anormaux » à l'âge adulte. Il ne retiendra pas ses morsures dans le jeu, car il n'aura pas eu le temps d'effectuer l'apprentissage de la morsure inhibée auprès de sa mère.

---

[26] L'attachement: approche théorique N. et A. Guédeney.

[27] L'homme et le chien, Patrick Pageat.

Il ne supportera pas le départ de son maître, et aura tendance à tout détruire, ou à dépérir ; parce qu'il se sentira en constante insécurité. Il peut également présenter des difficultés lors de l'acquisition de la propreté. Dans ses comportements, et dans sa capacité à entrer en relation avec les autres, il restera un chiot, avec un corps d'adulte.

L'apprentissage de la morsure inhibée

Affinons notre exposé en étudiant le cas de certains primates (suivant les principes de la reproduction communautaire). Si un sevrage trop précoce est associé à une disparition de la mère, un jeune chimpanzé a de grandes chances de mourir, même s'il reçoit les soins d'autres chimpanzés adultes[28]. Chez les humains, la survie d'un enfant de moins d'un an, séparé de sa mère, dépendra de l'implication affective des adultes en charge de lui. S'ils ne le prennent pas dans leurs bras, s'ils ne le câlinent pas, il mourra, même si ses besoins alimentaires sont couverts[29].

Alors, c'est foutu ?

Déjà, ce n'est pas foutu si l'on est capable de se poser cette question. Quand on se pose cette question, cela ne veut pas forcément dire que l'on a des pistes, mais que l'on a quand même la capacité de creuser. C'est ça, l'intime, c'est creuser avec l'autre. C'est vraiment un travail de mineur : on va creuser en soi, on va creuser en l'autre et on va creuser le système qu'est la relation. On va la creuser au fur et à mesure que l'on construit l'intime. On va arriver au stade de la parole, puis du silence (je ne me dis plus par la parole, mais par le corps par le toucher, etc.). Au fur et à mesure, on va découvrir de nouvelles choses, on va grandir, et on va pouvoir préciser nos besoins et ceux de l'autre.

---

[28] Comment nous sommes devenus humains, Sarah Blaffer Hrdy.

[29] René Spitz.

Nous partageons avec vous un autre de nos articles, datant du 28 juin 2021 : « Vaincre l'impuissance »[30]

(Toutes les impuissances)
La vision d'une femme, Deborah, qui a coécrit Vers une écologie de l'enfance avec moi. Deborah a apporté beaucoup de "rondeur" dans l'écriture, afin de faire passer les savoirs (et les outils) en touchant le lecteur au plus intime.

Nombreux sont ceux qui nous ont dit avoir senti des sanglots enfouis revenir à la surface. Ou avoir été bouleversés par la lecture.
Cette restauration progressive de la totalité émotionnelle est le signe d'un changement véritable. Changer en lisant, avant même d'appliquer les outils proposé dans le livre
...
Il s'agit de provoquer une compréhension intime, afin d'appréhender totalement ce qui nous construit. en tant qu'individu (enfance), espèce et société.

Le sentiment d'impuissance, ou l'impuissance réelle, factuelle, c'est toujours le résultat d'une construction dysfonctionnelle. De l'individu, de ses relations, des autres.

Comment ne plus être impuissant? Comment ne plus être rendu impuissant par un environnement délétère?
"Dans notre livre, nous parlons de relations (jeux, rôles, MIO, caresses, intime), de normes de santé mentale et physique, et donc, de constructions humaines.

[30] https://olivier-lafay.com/vaincre-limpuissance/

Nécessairement, nous relions le corps (la présence à soi, la zone de confort, l'effort juste, l'agressivité) avec une construction saine, celle qui permet le "ronronnement" de la mécanique.

Notre livre est enraciné dans le réel, dans les relations. Pour apprendre à aller vers les autres, et à construire un intime.

Qu'est-ce que l'Homme ? Que puis-je espérer de mes relations, avec mon compagnon, avec mes enfants, de la vie ? Dans quelles directions puis-je me diriger, et comment éviter les cul-de-sacs ?

Le livre apporte des clés pour comprendre, à des échelles différentes (individu, espèce, société ; et leur évolution dans le temps), et mieux appréhender ces questions.Il accroît notre pouvoir (marge de manœuvre) sur le monde, au quotidien.

Il apporte des solutions là où, par exemple, tant de gens se sentent impuissants, lorsqu'ils ne parviennent pas à aller vers l'autre (leur partenaire, leurs enfants); à prendre, donner et recevoir. "

Deborah Heynen

Plus on va creuser l'intime, plus on va apprendre l'autre : plus on va apprendre qu'en disant tel ou tel mot, en le touchant de telle ou telle façon ; on obtient quelque chose qui lui fait du bien, et vice-versa. On va découvrir l'autre en tant que corps esprit. On va savoir que si on lui pose la main sur l'épaule, ou qu'on lui dit tel mot à tel moment, les larmes vont pouvoir sortir, etc. Telle caresse, tel contact.

On va également se connaître de plus en plus soi-même, et apprendre ce que nous sommes capables de ressentir.
On va pouvoir reconquérir les territoires perdus de la sensibilité. De plus en plus, le contact se fera, on sera en mesure de se relier à l'autre et de se relier à soi-même.

Au début, nécessairement, on est assez gauche. On se questionne.

« Faut-il que je lui touche l'oreille ? »
C'est un peu comme dans le sexe, lorsqu'au début, on lit maladroitement le « Petit manuel du Super Amant en 10 étapes ». On essaye d'appliquer cela, alors qu'en vérité, il n'y a pas à suivre un protocole. C'est quelque chose de spontané, qui s'apprend dans la relation, avec le temps. Il en va de même pour l'apprentissage du lien à l'autre : il n'est nul besoin d'un protocole en 28 étapes. C'est dans la relation même, et avec le temps (du temps passé ensemble), que l'on tend vers l'intime, pour ensuite le creuser. Nous avons juste besoin d'un cadre permettant de savoir ce qui est sain. Une boussole.

C'est quand on est obligé de suivre un cours et un protocole pour le sexe qu'on n'est pas dans l'intime, qu'on n'est pas en lien avec l'autre. On reste à la superficie de la relation, agit, en bon néolibéral, par la volonté de briller, par et pour notre petit nombril. En étant dans la relation, on va découvrir le corps de l'autre, par le toucher, par le silence. On va accepter l'angoisse née de sa différence.

Le silence ou le contact peut, à certains moments, être gênant, et aboutir sur autre chose (le silence sur du contact, le contact sur du silence ; avec parfois la survenue des larmes). Cette gêne peut également simplement être vécue ainsi, et questionnée. « Tiens, c'est curieux, je ressens une gêne ». Le contact, par exemple, peut être vécu comme trop invasif, gênant, et peut donner lieu à un questionnement, un approfondissement du lien à soi et à l'autre (parce qu'on aura appris et compris comment nous sommes faits).

Si l'on est dans une démarche de questionnement de l'intime, de volonté de créer du lien avec l'autre, c'est que, nécessairement, dans notre enfance, il n'y a pas eu que de la destruction et de mauvaises choses. Nous avons eu accès à quelques bribes d'intime, qui nous permettent, une fois adulte, de nous construire et de rechercher le lien, l'autre, l'amour. Quelque chose peut se construire, parce que de bonnes bases sont présentes.

Si nous avions été complètement détruits, nous ne nous poserions pas la question de l'autre, car l'autre n'existe alors plus. N'existent plus que notre bulle et nos propres volontés et désirs. L'enfant complètement brisé, devenu, à l'âge adulte, complètement inapte au lien, ne peut développer les structures (schémas neuronaux) lui permettant de décaler sa pensée pour en envisager d'autres. Il ne peut donc pas prendre de recul sur ses propres actes, ses propres désirs, et les considérer différemment. L'idée de faire du bien à l'autre lui échappe totalement. L'autre n'est plus qu'un bien, un objet et un ennemi potentiel, qu'il faut consommer jusqu'à la destruction. Le néolibéral pur, construit uniquement dans la consommation de l'autre, est parfaitement conscient des comportements qui feront du mal à l'autre. Il sait quel mot, quelle remarque ou quel comportement employer à quel moment pour porter atteinte à l'autre. Il est cependant incapable de lui faire du bien.

Se poser la question de l'autre, c'est se poser la question du bien que l'on peut faire à l'autre. Comment pouvons-nous nous sentir bien, ensemble, dans la relation ?

L'intime, c'est une étoffe qui a été déchirée, mais qui peut être réparée et élargie.
Il existe un canevas, de grandes règles de la relation à l'autre, mais il n'existe pas d'étapes rigoureuses, de pas à pas vers l'intime. Déjà, parce qu'il n'y a pas de « point d'arrivée », pas de « terminus » à l'intime.
En restant attentif à l'autre, et par essais et erreurs, on va apprendre l'autre, on va se creuser soi et creuser l'autre. Cela va se faire tout seul.

C'est exactement comme dans la sexualité. Dans l'intime, il n'y a strictement rien à dire, rien à énumérer, rien à prouver. Plus on le creusera, plus chacun sera spontané, plus on sera dans l'empathie, dans la connexion avec l'autre. Étant des êtres humains, et partageant donc une base commune, une fois qu'on s'apprend soi et qu'on apprend l'autre, le lien sera de plus en plus fin, de plus en plus profond.

C'est comme si l'on passait de la restauration rapide, à base d'hamburgers bons marchés et de fritures diverses, à la grande cuisine, à une cuisine saine et savoureuse. Après, chacun sait, chacun ressent, que ce qu'il mange est bon et lui fait du bien. On parvient alors difficilement à manger de la merde.

Pour l'intime, c'est la même chose, au fur et à mesure que le canevas se déploie, on s'y insère, et, après, on laisse faire et cela vient. La « magie » opère. Ce qui compte, c'est de poser les conditions de base. D'influencer le contexte afin que celui-ci soit propice au surgissement de l'intime.

Chapitre 7 :

Tester l'intime, grâce au sexe

« René se jeta sur elle comme un forban sur une captive, et elle devint captive avec délices. »[31]

[31] Pauline Réage, Histoire d'O.

Comment savoir si mon couple est dans l'intime ? Comment être certain de ne pas se tromper ?

Un curseur essentiel nous permettant de savoir si l'on creuse l'intime, si l'on se dirige dans cette voie, c'est d'observer nos comportements durant l'amour (le sexe). La sexualité constitue un test majeur pour savoir où chacun en est par rapport au lien, à l'intime. C'est un test majeur, car lorsqu'on a un problème au niveau sexuel, que cela soit dit ou non, c'est que les bases de l'intime ne sont pas en place.
Nous parlons de bases par rapport à l'intime, car il n'est pas nécessaire de creuser très loin la relation, l'intime, pour avoir des rapports sexuels gratifiants. Il faut seulement pouvoir être suffisamment en lien avec l'autre pour baisser les armes, à un moment donné, et se laisser aller. Le sexe permet ainsi de savoir si l'on est ou non en lien avec l'autre. Une fois que le lien est établi, que l'intime « est là », les curseurs de chacun s'affinent, et indiquent l'approfondissement de la relation. On voit très bien si on a pu avancer dans l'intime à ce qu'il se passe durant le sexe. Par nos ressentis, par notre appréhension corporelle, on sait s'il est plus gratifiant, s'il est plus sain. Le sexe, dans l'intime, permet à l'un et l'autre de laisser libre cours à ses désirs et ses fantasmes. Chacun peut se laisser aller sans problème, sans « prise de tête ». Sans honte, sans désir d'écraser, sans culpabilité.

Les jeux de dominance, quant à eux, font partie de l'espèce humaine, comme pour tous les animaux sociaux. Chacun veut prendre du pouvoir et l'accroître. C'est tout à fait normal et humain. Au quotidien, dans toutes nos relations, nous cherchons tous, à tout moment, à avoir du pouvoir. Du pouvoir sur les autres, du pouvoir sur le monde.

Lorsqu'on construit une relation profonde, il ne s'agira plus de vivre nos volontés de pouvoir sans aucun recul, en restant 1er degré dans la dominance (le nez collé à la vitre). Chacun s'autolimitera dans ses vélites de dominance sur l'autre. Ils ne s'étendront jamais jusqu'à l'écrasement et l'assujettissement de l'autre. Avec l'intime, on en arrive à un second degré dans la recherche (les jeux) de dominance. Et ceci se ressent autant dans le sexe que dans le quotidien.

Le désir pour l'autre ne durera pas alors uniquement 3 ans ou 6 mois. On aura envie de faire l'amour avec lui. On en aura envie, tout simplement parce que cette envie ne découlera pas d'un acte de consommation et de prédation. On en aura envie pas uniquement après une sortie au restaurant, pas uniquement lorsque chacun est parfaitement apprêté, maquillé, coiffé, épilé et/ou manucuré. On en aura envie, parce qu'on sentira le besoin profond et animal de s'unir à lui. Chacun ressentira le besoin de revenir régulièrement à un niveau de très basse complexité, là où le corps se dit sans plus aucune entrave, sans plus aucun frein. On en aura envie, parce que c'est lui, parce que c'est elle, et parce que la relation est ce qu'elle est, et qu'elle nous remplit.

La sexualité peut se passer de la même manière en apparence, sans jamais lasser, car cela ne sera en vérité jamais de la même manière sur le fond. On sait que l'on peut être avec l'autre sans calcul. On sait qu'on peut se laisser aller complètement dans la détente, et se restaurer dans la relation. On abandonne tout rapport de force, toute visée sur l'autre. Il n'y a plus besoin de contrôle. On peut s'ouvrir.

Si l'on désire connaître notre degré d'approfondissement de l'intime, on peut également s'observer lors des conflits.
Deux points peuvent ainsi être soulevés : l'autolimitation dans les conflits et l'évolution de ceux-ci.

Si l'on a investi de soi dans une relation, si l'on a accueilli l'autre comme il nous a accueilli, alors, il existera une frontière au-delà de laquelle nous ne pourrons pas aller. Quelle que soit la teneur du conflit, son intensité et la colère de chacun, les mots et les gestes ne dépasseront pas la ligne rouge. Ce qui les arrêtera, c'est la conscience du visage de l'autre. On s'autolimitera et on s'y arrêtera, parce qu'on se refusera fermement à écraser l'autre. On le pourrait très facilement, ayant eu de nombreuses opportunités de le faire, et lui de même. Mais on s'y refuse, parce que cela reviendrait à nier tout ce qui fonde son humanité et donc à nier notre propre humanité. L'humanité de chacun, c'est ce qui rend possible la relation intime.

Avec l'intime, les conflits évolueront également dans le temps, au fur et à mesure de l'avancement dans la relation. Un couple qui ne partage pas d'intime se caractérise par une répétition des conflits dans le temps. C'est-à-dire que les conflits se répètent et perdurent. On reproche toujours à l'autre les mêmes choses, et inversement. L'un et l'autre sont essentialisés. Il n'y a pas d'évolution par rapport aux conflits. A l'inverse, quand il y a un intime, les conflits représentent également une opportunité d'évolution. Il s'agit d'évènements, compris dans un processus, qui renforcent le système couple.

Le couple accède ainsi à une autre dimension, à un niveau de complexité supérieur. Sans intime, on reste enfermé à un niveau de basse complexité dans les relations.
On reste enfermé dans des « jeux », au sens d'Eric Berne. Le conflit créateur doit remplacer le conflit usant et destructeur.

« Un épanouissement durable dépendra nécessairement de la marge de manœuvre, du pouvoir que chacun aura par rapport à ses programmations, sa construction. Celle-ci est composée de croyances sur le monde extérieur, sur les autres et sur soi-même. Ces croyances sont sans cesse validées et bétonnées au travers de « jeux », c'est-à-dire une suite particulière et régulière d'interactions qu'un individu cherchera à provoquer et « boucler ».

Cette boucle consiste en une répétition d'une pièce de théâtre, dans laquelle on pourrait modifier, à la marge, certains dialogues, mais pas l'intrigue générale. Par conséquent, en tant que pièce, chacun doit jouer un rôle selon, qui a le pouvoir (« le metteur en scène », qui a le levier dans le système familial, qui a les stratégies gagnantes. En tant que pièce de théâtre, elle est constamment rejouée. Il n'y a donc pas d'évolution réelle qui viendrait en modifier l'histoire.

On peut aussi dire que c'est un « contrat cadre », un « deal mémo », qui encadre les relations et objectifs du système familial, et dont on peut modifier un peu l'habillage, mais pas la définition des enjeux. Et tout se passe de manière inconsciente, suivant, en cela, les programmations de chaque membre du système familial, que ce soit des programmations biologiques, et/ou fruits de l'éducation, quand on était enfant.

En quoi est ce important ? Eh bien, si vous êtes enfermés dans certains jeux destructeurs, vous ne pourrez comprendre réellement l'autre. Votre partenaire, comme vos enfants, resteront des impensables à vos yeux. »
Olivier Lafay et Deborah Heynen, « Un pas vers une écologie de l'enfance ».

Ce qui est terrible, quand on est en couple avec une certaine personne depuis un moment et que l'on ne peut pas passer le stade de l'enfermement dans les jeux, c'est que, au bout de 3 ans, de 6 ans ou de 9 ans, on reproche à l'autre exactement les mêmes choses qu'au début. Lors de la séparation, on lui reprochera exactement les mêmes choses qu'au commencement. Il n'y aura pas eu d'évolution. On rejouera constamment les mêmes jeux, sans parvenir à aller plus loin dans la relation, l'intime nous restant inaccessible.
Ceci, parce qu'on est maladroit, parce qu'on n'a pas les connaissances, parce qu'on manque d'expériences.
On ira vers l'autre, armés des seuls outils en notre possession ; outils fournis par le prêt-à-penser néolibéral, validant la prédation et la consommation de l'autre. Refusant donc tout partage, toute égalité, toute autolimitation et toute ingérence de l'autre.

Les mêmes crises, les mêmes problèmes, les mêmes reproches rythmeront la relation. On quittera l'autre en lui reprochant d'être le même, étonné que la relation ait pu durer si longtemps. Pourtant, si celle-ci a pu durer si longtemps, c'est que nous sommes coresponsables de cela. On est partie prenante dans le fait qu'elle n'ait pu franchir la barrière de l'intime.

CHAPITRE 8 :

SE RENOUVELER, S'ÉMERVEILLER

***« Un amour naissant inonde le monde de poésie, un amour qui dure irrigue de poésie la vie quotidienne, la fin d'un amour nous rejette dans la prose. »*[32]**

[32] Edgar Morin.

Que se passe-t-il, lorsqu'on accède à l'intime ?
À partir de là, cela se débloque, et cela va de mieux en mieux. Parce qu'à partir de là, c'est un renouvellement.
On se rend compte que la vie n'arrête pas de se renouveler. Comme le disait Edgar Morin : « Tout ce qui ne se régénère pas dégénère » ; tout simplement parce que le principe même de l'entropie, et le changement qu'il y a en permanence, font qu'on n'est jamais les mêmes.

Héraclite disait que l'on ne se baigne jamais deux fois dans le même fleuve, et c'est exactement cela : on ne fera jamais deux fois l'amour de la même façon, sauf, si, encore une fois, on reste enfermé dans des jeux, dans des rôles, et que l'on n'a pas accès à l'autre, à la relation intime avec l'autre. L'enfermement dans les rôles, c'est la victoire de l'entropie.

Entropie :

tendance de tout ce qui est, dans l'univers, à aller vers la désorganisation, et donc, pour le vivant, à aller vers la mort.

Notre vie, n'étant plus en croissance, n'a plus de sens.
Parce que se baigner dans un fleuve, c'est facile : on entre dans le fleuve, l'eau, cela mouille et voilà. Mais quand il s'agit de relations humaines, c'est autre chose.

On peut rester en dehors de l'eau, on peut se mouiller sans se mouiller. Donc on n'a pas accès à cette relation profonde, intime, à l'autre.

On se rend compte que le temps passe, on change, et faire l'amour avec l'autre ne sera jamais la même chose. Passé un certain cap d'intime, on ne progresse plus en termes de qualité, mais en termes de renouvellement. Tout nous apparaît toujours neuf. Lorsqu'on est dans une relation intime avec un autre, la sexualité devient plus régulière, fréquente, plus joyeuse.

Si on n'y arrive pas, c'est qu'il y a un problème, et, la plupart du temps, un problème narcissique, un problème d'enfermement dans des jeux, qui induit, comme nous le disions plus tôt, que les problèmes du début restent les problèmes de la fin. Durant tout le temps de la relation, on reprochera à l'autre les mêmes comportements, les mêmes attitudes. L'équilibre relationnel du système couple (son homéostasie) restera la même, figée. Il s'agira, en réalité, d'une course à celui qui consommera le plus vite l'autre... Jusqu'à l'épuisement de l'un ou l'autre, ou de l'un et l'autre, et de la relation.

Tant qu'on n'a pas mis au clair les jeux, on ne peut accéder à la dimension de l'intime, ce qui fait qu'il n'y aura jamais d'ennui.

Avec l'intime, on se sent connecté à l'autre, en lien avec lui, et, par conséquent, on se sent connecté à la vie, connecté à nos racines, à notre place.
On reste ainsi capable de toujours s'émerveiller. De nombreux auteurs se sont déjà exprimés sur ce sujet. Edgar Morin l'a également écrit : l'émerveillement, c'est la base de tout. On peut passer 100 ans sur Terre, et à 99 ans, on pourra encore observer une abeille butiner une fleur et se dire que c'est incroyable. Il ne s'agira pas d'un constat froid, intellectuel, mais d'un ressenti profond de ce qu'il y a d'incroyable là-dedans.

Il en va de même pour la relation amoureuse : le corps de l'autre, les sentiments de l'autre, c'est quelque chose qui peut ne pas avoir de fin, tout simplement parce que c'est la magie du fait d'être en vie.

Ressentir la magie de la vie, et du fait d'être en vie, on le perd très facilement.

Et, là, nous rebouclons avec ce que nous disions au début de notre exposé. On le perd dans l'enfance, parce que nous avons été mis de côté, que l'on n'a pas eu cet intime là, ce qui fait qu'on n'est pas enraciné. On n'a pas la foi, au sens des chasseurs cueilleurs égalitaires, cette foi chevillée au corps, et qui fait que le monde est rempli de merveilleux. Même si le quotidien est difficile, même s'il est frustrant, il conserve toujours une part de merveilleux. Lorsqu'on accède à l'intime avec un autre, c'est à ce merveilleux que l'on accède également.
L'incroyable unité fondamentale de tout ce qui est.

Chapitre 9 :

Abandonner le contrôle

« Déjà essayé. Déjà échoué. Peu importe. Essaie encore. Échoue encore. Échoue mieux. »[33]

[33] Samuel Beckett, « Cap au pire ».

« Que faire, si je n'y arrive pas ? »

Si « je n'y arrive pas », il ne faut pas le voir comme quelque chose de négatif, comme si on n'allait jamais y arriver. Plus tôt, nous parlions de méthode. Il n'y a pas de méthode, par contre, il existe des tests et ils sont évidents. On peut être rationnel et factuel sur ces points.

Avant cela, il serait en premier lieu intéressant de passer du « je » au « nous ». Ce n'est pas « je n'y arrive pas », mais « nous n'y arrivons pas ». Ceci, que nous soyons seuls ou en couple. Comprendre que le mal d'amour n'est pas une particularité individuelle et isolée, mais une caractéristique de notre société néolibérale, c'est faire un premier pas… vers moins de solitude.
On se sent moins seul, parce que l'on comprend que d'autres se sentent aussi seuls que nous-mêmes. D'autres rencontrent autant de difficultés à aller vers l'autre, à créer du lien, à se sentir en lien. Dans leur quotidien, ils partagent l'immense frustration qui nous anime, qui alimente un sentiment de vide. Frustration liée à l'incompréhension, aux rejets, au figement. A un manque de maturation. En comprenant cela, on peut se mettre en recherche de ces autres qui essaient tant bien que mal. Tout comme nous, ils n'ont pas abandonné leur quête d'amour.

Tout comme nous, ils essaient encore, peut-être maladroitement, d'aller vers l'autre, de construire l'amour.

Aller vers l'autre, et ne plus se sentir seul

En couple, si « nous n'y parvenons pas », essayons-nous encore ? Tentons-nous des gestes pour aller vers l'autre ? Nous est-il possible de nous asseoir un moment pour en discuter à deux ?

Au fond, chacun sait s'il est dans l'intime avec l'autre. Et, si nous n'y sommes pas (ou peu), il nous est possible de dialoguer à ce sujet, à condition que l'on puisse se poser à deux la question de l'intime, à condition que l'autre soit d'accord pour que l'on en parle. Les possibilités d'évoluer vers l'intime dépendent avant tout de l'ouverture du couple à cette question. Si en parler n'est pas envisageable, si l'on ne peut pas en discuter, si, même au niveau du discours, l'intime est refusé, comment pourrions-nous réintégrer le corps dans notre relation ?

Posons-nous, à deux, la question de l'intime. De notre intime.

Nous l'avions précédemment écrit : la parole est insuffisante pour accéder véritablement à l'autre dans toute sa dimension, dans tout son être. Elle constitue néanmoins un préalable, car c'est à travers elle que l'on peut établir les prémices d'une relation basée sur la confiance, la réciprocité, l'égalité et le partage. Elle permet d'établir directement ou indirectement un contrat d'intime.

Si aborder le sujet de la relation provoque systématiquement une crise chez l'autre, c'est qu'il existe un blocus sur le corps, un figement tel que tout mouvement vers l'autre est entravé. Si ni le corps ni la parole ne peuvent se libérer, les tentatives de celui qui essaient encore ne pourront aller que de mal en pis. Car si ni le corps ni la parole ne sont admis, le lien, l'amour, ne trouveront aucun passage de l'un à l'autre dans la relation.

La parole pose les conditions, le corps les valide.

NON !

Par contre, si le dialogue est possible, nous pouvons avancer, à deux, dans une réflexion sur l'intime. Nous pouvons évaluer où nous en sommes du point de vue de la sexualité. Nous pouvons partager et tester ce qui fonctionne et ce qui ne fonctionne pas, et ainsi identifier (cartographier) les chemins nous menant vers l'autre. Nous pouvons également interroger notre désir respectif. Ressentons-nous du désir pour l'autre ? En ressentons-nous souvent ? Dans quelles circonstances ? Savons-nous les gestes qui éveillent chez lui le désir ? Ceux qui éveillent notre désir ? Arrivons-nous à ressentir ce désir qui n'est pas permanent, mais qui est bien présent, facilement activable et palpable au quotidien ?

Ce questionnement permet d'évaluer notre rapport à la vie, notre rapport au lien, notre rapport à l'amour.

C'est très positif d'avoir des tests, c'est très positif de savoir ce qu'il se passe, de savoir où l'on en est. Parce qu'il y a plein de gens qui ne savent pas ce qu'il se passe, qui n'ont aucun recul, et qui subissent leur quotidien, leur couple et leur famille. Ils ont des relations sexuelles pendant deux ou trois mois, au début de la relation, puis cela se délite, les défauts de l'autre ne sont plus supportables. Et on en reste là. Ou on continue malgré tout, malgré la répétition des crises, comme deux enfants désespérément en demande, continuellement frustrés, mais animés avant tout par la peur de se retrouver seuls.

On a tellement peur de l'autre, on a tellement peur de soi, que l'on n'est parfois pas capable de se poser, à deux, pour aborder le sujet de la relation. On reste tétanisé à l'idée de questionner les échanges et les partages dans le sexe et au quotidien. Accepter de regarder la relation telle qu'elle est, dans ses dysfonctionnements, permet d'envisager des pistes d'améliorations. Si la relation ne fonctionne pas comme cela devrait, qu'est-ce qu'on pourrait faire pour améliorer cette situation ? Si notre relation de couple n'est qu'une relation d'objets, alors c'est signe qu'il y a du chemin à faire. Et la récompense est au bout de ce chemin. La souffrance et la frustration ne sont pas nécessairement les preuves qu'il vaudrait mieux se séparer. Ce sont avant tout les preuves de notre immaturité.

Il en faut du courage pour aller vers l'autre, lorsque cela ne va pas de soi ! Surtout quand il s'agit de parler de ce qui ne va pas. Cela demande de sortir du figement, et de l'enfermement dans les jeux et les rôles, pour aller, de plus en plus en souplesse, vers des rôles et des jeux plus gratifiants. C'est-à-dire que le mouvement vers l'autre se fera, au fil du temps, au fil de nos tentatives, de plus en plus facilement. Jusqu'à devenir complètement naturel et spontanée, comme cela aurait du l'être si nous avions eu accès à un intime premier.

Pour ce faire, chacun doit accepter de ne plus tout contrôler, pour laisser la place à l'imprévu. Le contrôle exige de rester en tension. Or, pour accéder à une relation plus profonde, à l'intime, c'est dans le relâchement qu'il faut aller vers l'autre.

Celui qui contrôle toujours tout ne peut accéder à l'intime. Si vous contrôlez constamment ce que vous faites, vos émotions et vos expressions ; comment pourriez-vous laisser de la place pour de la spontanéité dans la relation ? Comment pourriez-vous y intégrer la dimension du jeu ?

Vous contrôlez vos rires. Vous contrôlez vos larmes, vos cris de joie, de colère ou de tristesse. Vous contrôlez votre corps pour que jamais il ne vous échappe. Lorsque vous faites l'amour, il ne faudrait surtout pas vous laisser aller à des grimaces, des grognements ou des râles. Il ne faudrait surtout pas que certains mots « malencontreux » vous échappent. Ils témoigneraient de la « perversité » de vos fantasmes, inavouables, même pour vous-mêmes. Les corps doivent être mis sous contrôle. Tous les corps. Mais, alors, les corps ne peuvent s'exprimer, se dire. L'ineffable n'est donc pas permis.

L'empathie, et cette joie ineffable d'être là, ensemble, restent inaccessibles.

Il nous faut apprendre à cesser d'alimenter cette tension permanente liée au contrôle. Bien évidemment, si nous nous y risquons, l'angoisse du rejet, des moqueries ou des brimades peut nous envahir, nous paralyser. Que va faire l'autre ? Comment va-t-il réagir ? Va-t-il se figer de dégoût ? Va-t-il se moquer ? Va-t-il nous trahir ? Nous n'avons pas confiance en l'autre, comme nous n'avons pas confiance en nous, en la vie.

Face à l'incertitude quant à ses réactions, nous pouvons soit nous fermer davantage (et ne prendre aucun risque, continuer de tout contrôler comme avant), soit essayer, et faire un premier pas vers plus de spontanéité et d'amour.

Et pourquoi ne pas commencer par se dire, par confier à l'autre à quel point le corps nous effraie, à quel point nous avons peur de son rejet si nous nous laissons aller à plus de spontanéité ? « Si je grimace, pendant l'amour, si mon visage se tord, vas-tu rire, vas-tu te moquer ? Trouveras-tu cela repoussant, laid ? » ; « J'ai tellement peur de ce que tu pourrais dire si je (...). »

« S'il te plaît, donne-moi confiance. »
Confier nos peurs, nos angoisses, c'est mettre au clair la relation. On met ainsi en lumière ce qui ne va pas, ce qui nous empêche de nous laisser aller à l'autre. C'est prendre du recul, et mieux voir notre construction. C'est décaler notre pensée, pour envisager d'autres possibles.

Que se passerait-il, si l'autre vous confiait, à son tour, que vous voir pleurer éveillerait en lui (en elle) un immense désir ?

Que se passerait-il, s'il/si elle vous avouait qu'il/elle aimerait voir votre visage transformé durant l'amour ? Que se passerait-il, s'il/si elle vous confiait que, lui/elle aussi est terrifié(e) à l'idée de se laisser aller ?

Imaginons une zone de confiance où l'on pourrait laisser s'exprimer pleinement la bête qui est en nous. Dans son désir de vivre, dans sa joie brute, de gémir, pleurer, crier, posséder, être possédé.

Aller vers l'autre et creuser l'intime, ceci exige de ne plus être dans le contrôle permanent. Pouvoir décaler sa pensée et se demander où l'on en est, pouvoir s'observer de cette façon, cela demande de ne plus être dans le contrôle, ce qui n'est pas forcément facile. Quand on n'a pas eu accès à l'intime dans notre enfance, il ne nous reste plus que le contrôle, auquel on s'identifie. Nous ne sommes plus un être humain. Nous sommes LE contrôle. S'ouvrir à l'autre, et aller vers lui, est alors considéré comme une faiblesse. C'est être humain.

Un surinvestissement dans le contrôle exclut, de fait, toute altérité. Il n'est pas envisageable de considérer l'autre, dans toute sa différence, si l'on a désespérément besoin de prédire et influencer chacun de ses gestes et comportements, tout comme on le fait avec les nôtres. L'obsession du contrôle fait de moi et de l'autre des objets. Et les objets, les choses, ne peuvent s'aimer. Ne peuvent aimer.
Abandonner le contrôle permanent, c'est donc s'ouvrir à l'autre, dans toute sa différence, et accepter les frustrations inhérentes à toute relation. Nous y venons dans le chapitre suivant.

CHAPITRE 10 :

ALTÉRITÉ ET FRUSTRATION

« Vivre, c'est irriter des autres et être irrité par d'autres. »[34]

[34] Clément Rosset, « Le principe de cruauté ».

Abandonner le contrôle permanent, cela demande de considérer l'autre comme un autre, et donc, pas comme soi.

C'est laisser à l'autre le droit d'être un autre. Et pouvoir en jouir. Cela demande de considérer que ses désirs et ses besoins ne sont pas, et ne coïncident pas forcément avec nos désirs et nos besoins. Pas les mêmes besoins, pas les mêmes rythmes.

Nécessairement, il y a une part de frustration dans la relation.

La relation n'est pas que jouissance. Elle est aussi confrontation entre deux altérités, deux individualités radicalement différentes. Par conséquent, il y a des irritations, des frustrations de part et d'autre, qu'il faut apprendre à supporter. Et dont on va s'enrichir.

Cela demande de ne plus être aussi invasif, de ne plus envahir l'autre, et de savoir se retirer, un peu comme une marée. Nous apprenons notre juste place, à l'image du petit enfant qui apprend le monde et l'altérité, et dont le sentiment de sollicitude commence à apparaitre et à croitre. Lorsqu'on agit ainsi, c'est que l'on commence à maturer. En laissant plus de place à l'autre, on commence à devenir adulte. On apprend à se retirer, à ne plus être aussi invasif, et à écouter la dimension propre de l'autre (ses besoins, ses rythmes). On apprend à le considérer dans toute son humanité. Et lorsque l'autre nous apparait, si semblable et si différent à la fois, c'est alors, que l'on commence à le voir. A le voir vraiment.

« Je reconnais ton visage. Je le considère. Et ni mes mots, ni mes gestes, ni mes comportements n'auront pour finalité première de te faire du mal, de te détruire. Car je veux pouvoir continuer à observer ton visage, je souhaite pouvoir te contempler encore, te découvrir, dans toute ton humanité. Contempler encore tout ce qui nous relie et tout ce qui nous distingue. Car je m'en nourris. »

De prédateur inconséquent, je deviens un prédateur intelligent, qui prélève dans son environnement de quoi jouir et croître, sans jamais mettre en péril celui-ci. En m'arrêtant au visage de l'autre, mon rapport conflictuel au monde, aux autres, à moi-même, devient écologique.

Et si le visage de l'autre se crispe, si un mot ou un geste maladroit nous a échappé, s'il en est trop irrité, alors, nous pouvons aller vers lui pour le reconnaître, nous excuser et, suivant ses besoins, en discuter ou le laisser en paix. C'est cela, aussi, se retirer. C'est savoir réparer quand on s'est montré trop invasif.

Par la reconnaissance de l'autre dans sa différence, on crée de la distance. Il n'a pas les mêmes besoins, il n'a pas les mêmes désirs, il n'a pas les mêmes rythmes. On envisage nos différences. On les considère, dans le sens où on leur accorde la même importance qu'à nous-mêmes. Dans un second temps, on revient à l'autre, on recrée du « même », un terrain commun, au sein duquel l'intime se creuse. On parcourt le chemin de retour, l'un vers l'autre, pour créer un rythme commun. Les désirs et les besoins de l'un et l'autre se rejoignent, se rencontrent. Flux et reflux : on se désaccorde pour mieux se réaccorder. On s'accorde pour mieux se désaccorder.

Ce n'est pas une fusion complète et totale entre deux individus. Chacun conserve son individualité, qui participe à la construction et au renouvellement de l'intime, car il s'agit d'une saine individualité, construite sur de saines dépendances, et qui permet un juste rapport entre la tension et la détente. Je dépends de l'autre, et c'est ce qui me permet de devenir plus autonome. Car je peux aller plus sereinement dans le monde. Je peux évoluer, grandir et me construire.
Je peux assumer mon rôle dans le monde avec plus de souplesse, plus de considération ; et en tirer par conséquent plus de gratifications. Creuser l'intime, intégrer l'autre, c'est devenir plus responsable de sa propre vie.

Je vais dans le monde, je me tends, me construis, me complexifie et/ou affronte ou subis des altérités radicales, des perturbations diverses (stress du travail, etc.). Je me mets ensuite à l'écart du monde, décharge et intègre ces perturbations, grâce à l'autre, à notre relation. Je me restaure dans l'intime. Je me tends vers le monde, nourris mon individualité, puis retourne dans mon foyer, me détends, nourris par (et de) l'autre, par ce que nous sommes, par ce qui nous relie.

Chacun creuse/construit son plus intérieur, nourri de ses passions, de ses connaissances, de ses lectures, qui lui sont propres et qui ne seront pas forcément les mêmes que son compagnon.

Cela peut être frustrant de se rendre compte que l'autre n'est pas soi, qu'il n'a pas les mêmes besoins, désirs, ni les mêmes envies, etc. Cela peut également être une possibilité de complexification supérieure. On sort du fantasme de symbiose totale avec l'autre. On sort du fantasme d'une relation parfaite en tout point, pour intégrer l'autre comme un être différent auprès duquel on s'enrichit, on se nourrit.

La symbiose survient, à certains moments, quand le relâchement se produit. Et de cette symbiose régénératrice surgit un nouvel élan. De l'amour, vient le renouvellement de notre souplesse adaptative.

Le point de vue de l'autre n'est pas le mien. Je ne dois pas vouloir le contrôler pour qu'il se soumette à ma vision du monde. Si je sors du figement, et de l'enfermement dans les rôles, c'est là que l'intime peut apparaitre. Nourris de nos visions différentes, nous construisons un terrain commun, guidés vers une même direction (puisqu'à l'origine, nous partageons une base commune, propre à notre nature humaine, conditionnant donc des besoins semblables).

Chapitre 11 :

Reconnaître l'autre pour construire un terrain commun

« Les choses, c'est ce qui ne se présente jamais personnellement et, en fin de compte, n'a pas d'identité. A la chose s'applique la violence. Elle en dispose, elle la saisit. Les choses donnent prise, elles n'offrent pas de visage. Ce sont des êtres sans visage. »[35]

[35] Difficile liberté, Emmanuel Lévinas.

Quand on n'est pas assez mature, on a tendance à penser que ce que nous aimons, l'autre l'aime forcément également. Par conséquent, si j'aime être caressé à tel endroit, je vais agir de la sorte avec l'autre, persuadé que mon geste sera apprécié. Je me décalque moi-même sur l'autre, car je ne sais pas faire autre chose que cela, et je vais lui faire ce que moi j'aimerais qu'on me fasse. L'autre n'a, en fin de compte, pas d'identité propre. L'autre est une chose. J'en dispose, je la saisis. Je la consomme selon mes besoins, selon mes désirs. Je ne lui reconnais ni visage, ni identité propre. Je nie aussi bien tout ce qui nous relie (nature humaine), que ce qui nous sépare (individualités radicales). Immature, je veux jouir de cet autre comme on jouit d'un objet. Mais je veux aussi que cet objet, tel un robot programmé, me dise de douces choses. Je veux que cet objet m'aime (me gratifie).

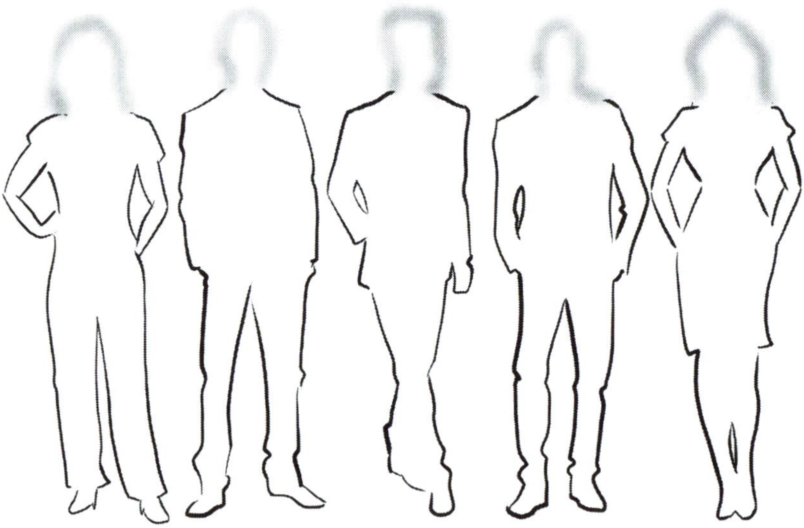

A l'inverse, un rapport adulte, mature, demande que l'on se mette à l'écoute de l'autre pour l'apprendre, le connaître (le comprendre, ses désirs, ses demandes et besoins singuliers).

L'autre ne sait peut-être même pas quels sont ses besoins et demandes, quels sont ses désirs. C'est un apprentissage qui se fait par tâtonnement de l'un à l'autre. De l'autre à l'un.
Comme nous l'avions écrit plus tôt, cet apprentissage exige que l'on abandonne le contrôle dans la relation à l'autre. Les corps doivent pouvoir s'exprimer et s'affirmer pour que l'ineffable advienne ; pour que chacun puisse se dire, que chacun puisse apprendre le corps de l'autre. Chacun devient peu à peu plus conscient de l'autre et de lui-même.

Abandonner le contrôle, c'est accepter de déposer les armes.

L'autre n'est alors plus notre ennemi. Nul besoin d'une tactique particulière, d'un plan bien rodé, pour l'aborder. Nos seuls guides sont désormais la curiosité et l'émerveillement. La relation devient un terrain d'aventure. De mécanique contrôlante, nous devenons explorateurs d'un monde nouveau et remplis de mystères.

Et, à partir du moment où nous considérons l'autre dans son altérité, où nous ouvrons les yeux sur ce qu'il est, et sur ce qu'implique notre relation, on ne peut qu'être émerveillé de cette confiance qui nous est accordée.

Le visage

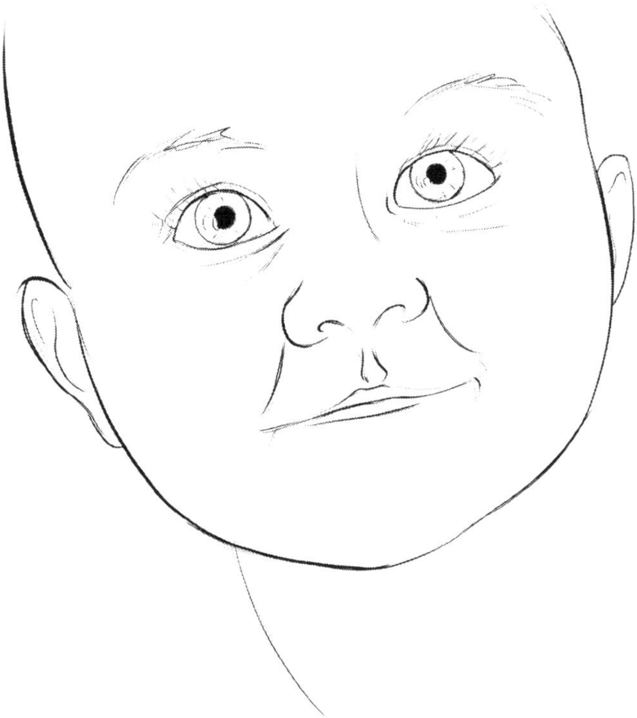

Si je reconnais son visage, si je m'abandonne à lui comme il s'abandonne à moi, alors, mon désir ne sera que croissant.

Mon désir pour lui, mais, aussi, plus généralement, mon désir pour la vie. Chaque jour qui passe, je découvrirai de nouvelles choses. Soit il s'agira de les observer avec un regard nouveau.
Soit ce qui m'était jusque là inconnu m'apparaît tout d'un coup.

En découvrant l'autre, et en me faisant découvrir par lui, je crée du « même » avec nos différences. Et je me sens rempli et nourri de ce qui m'est accordé, uniquement à moi, et à aucun(e) autre. Ce qu'il/elle me donne, ce que nous découvrons ensemble, personne ne peut y accéder. Il s'agit d'une dimension secrète, qui échappe aux regards de monde, et que nous défrichons, nourrissons et développons un peu plus chaque jour. A deux, nous construisons un terrain commun, au sein duquel notre amour croît un peu plus chaque jour.

CHAPITRE 12 :

DU MASCULIN ET DU FÉMININ

« Se connaître et comprendre les autres sont deux opérations étroitement liées. Pour connaître les autres il faut d'abord se connaître, et les autres alors vous aident à mieux vous connaître. »[36]

[36] Edward T.Hall, Au-delà de la culture.

Si nous voulons aborder le sujet de la différence au sein du couple, il paraît important de soulever la question de la place de l'homme et de la femme. A plusieurs reprises, et notamment lorsque nous avons parlé de toute-puissance et d'intime premier, nous avons mis en avant le rôle de mère et ses spécificités.

Dans la relation à l'enfant, la mère tient une place bien particulière, qu'aucun homme ne pourrait remplacer. Seule une femme peut porter un bébé dans son ventre durant 9 mois, et seule elle est à même de produire du lait pour le nourrir. Nous ne disons toutefois pas qu'une mère seule suffit pour élever un enfant, et que le père s'avère être un élément accessoire dans la famille. Il y tient un rôle tout aussi important. D'abord de tiers[37], en apparence peu nécessaire dans sa relation directe avec l'enfant, puis, au fur et à mesure que celui-ci s'éveille au monde, il jouera la passerelle, la transition entre le giron maternel et le monde. Il facilitera alors un apprentissage apaisé de la tension. L'amour entre le père et la mère achève de construire en l'enfant l'image d'un monde donateur. Le père est la première altérité au-delà du monde mère-enfant. De l'amour paternel, après l'amour maternel, naîtra la foi de l'enfant. Et donc le sentiment d'avoir sa place dans le monde, et la joie de vivre qui en découle, que nous recherchons tous, car elle est le sens même de la vie.
La complémentarité de l'homme et de la femme peut s'illustrer dans leur capacité à faire du « même » avec du différent. Le couple peut construire un terrain commun né de leurs similitudes et de leurs différences. Ce terrain commun offre à chacun les conditions d'une croissance saine.

[37] Mères-filles : une relation à trois. Nathalie Heinich

Nous effleurerons brièvement, ici, les concepts de masculin, de virilité et de féminin. Précisons, d'ores et déjà, qu'un homme peut avoir une certaine dose de « féminin », et une femme, de « masculin », pour se montrer « virile ». Ces concepts ne se bornent donc pas exclusivement à un sexe défini.

« Ce qu'on appelle masculin, c'est une aptitude à aller dans le monde (...) La virilité, c'est le masculin dans l'attitude, sans le réduire à la physiologie. »[38]

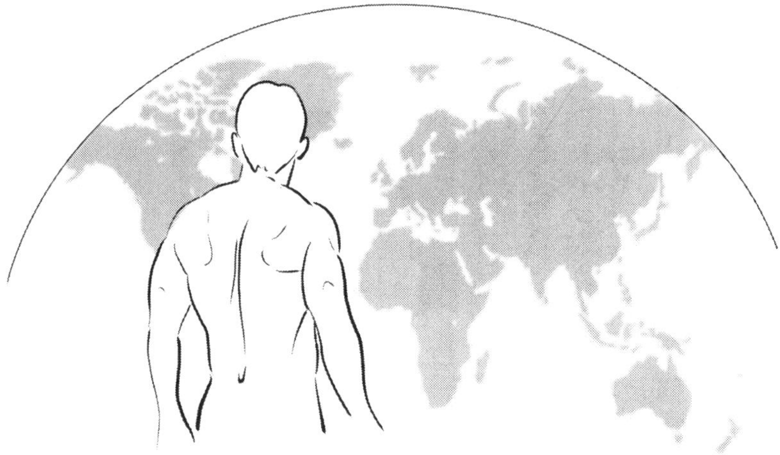

[38] Access Autonomy, Méthode Lafay 2A. Olivier Lafay

Le masculin, c'est la capacité à supporter la tension pour aller dans le monde et pour faire famille. C'est en assurer la cohésion et la protection. Le masculin, c'est ce qui agit sur le contexte afin de mettre en place les ressources nécessaires pour que le couple puisse « faire famille ». C'est ce qui va mettre en place les conditions de l'intime, en permettant au couple d'échapper aux regards extérieurs, d'échapper au monde. Le masculin s'exprime lorsqu'on se tend vers le monde, qu'on accède à un niveau de complexité supérieur, qui nourrira l'intime en retour, lorsqu'on se retirera du monde, lors de la détente, rendue possible par le féminin. Le masculin crée les conditions du « nid », du « monde hors du monde », et le protège. Le féminin en assure la cohésion[39].
Le féminin, c'est un rapport sain à la détente, c'est la capacité à « faire famille » et à protéger comme pour le masculin, mais d'une autre manière, par d'autres biais. C'est ce qui va prendre soin des ressources, va nourrir le contexte pour assurer la cohésion de la famille, pour préserver et nourrir l'intime.

Le féminin s'occupe plus des aspects affectifs et esthétiques de l'intérieur (le nid). Son rôle, c'est la croissance « en-dedans ».
Le masculin, quant à lui, s'occupe de pouvoir prélever dans le monde de quoi créer les conditions de la croissance du nid. Il doit donc raisonner le monde, et gérer les conflits avec ce monde. Il s'occupe de la croissance « en-dehors ».

[39] Le masculin, lui, assure la cohésion du monde.

Le masculin est donc souvent en tension. Il doit mettre autant que possible le nid à l'écart du monde pour que la croissance des « petits » puisse s'y opérer dans les meilleures conditions. Le féminin assure le bien-être et la détente propices à la croissance.

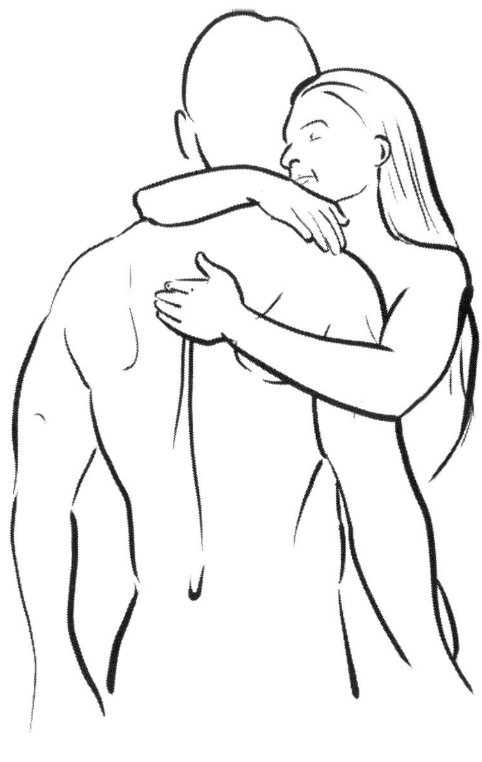

Le masculin et le féminin agissent donc de concert afin de mettre en place, co-créer et co-construire l'intime. A notre époque, les femmes se sont davantage masculinisées et les hommes se sont davantage féminisés. Ce n'est pas un mal, au contraire, tant qu'on reste dans une « juste dose » de masculin pour une femme, et une « juste dose » de féminin pour un homme. C'est une possibilité, pour chacun, de se complexifier davantage, et d'accéder à une dimension plus profonde dans l'intime, dans la relation. Nourrie par l'individualité radicale de chacun, la relation peut, potentiellement, devenir plus complexe, avec plus de réciprocité et de partages, et plus de profondeur dans ces partages.

Si la femme va plus dans le monde, et si l'homme accorde plus d'importance à l'épanouissement affectif du « nid », cela implique davantage de compréhension réciproque, de possibilités d'empathie et d'intime. L'on y parviendra si l'on ne s'enferme pas dans ces nouveaux rôles, pris par le temps consacré au travail et à notre image, la quête identitaire. Le jeu dans les rôles peut permettre davantage de lien, d'amour, d'humanisation.

Un individu plus complexe sera également plus à même de dialoguer avec l'autre, afin de se voir agir, et de questionner la relation, l'autre et lui-même. C'est donc, en potentiel, une possibilité de parvenir à plus de bien-être, de joie et de gratifications dans l'amour. C'est l'un des apports positifs du néolibéralisme, à condition, toutefois, d'être en mesure de discriminer et de s'orienter dans le champ des possibles.

Le néolibéralisme, c'est ce qui va « fondre les contours » des rôles de chacun au sein du couple[40]. C'est qui va les faire davantage s'interpénétrer. Le néolibéralisme, c'est ce qui produit aujourd'hui un éclatement des liens. C'est également ce qui permet, en théorie, d'accéder à plus de complexification, à plus d'intime. Avec le néolibéralisme, est né « l'amour moderne », tel qu'il nous est possible de le vivre aujourd'hui. Ce point fera l'objet d'un prochain ouvrage.

---

[40] On voit bien qu'il y a une raison tournée vers la croissance affective, le bien-être relationnel, la protection des enfants. Et une raison tournée vers la possession du monde. Ce sont deux logiques différentes qui, quand il n'y a pas création d'un jeu dans les rôles, font des mondes féminins et masculins des mondes bien différents, qui laissent donc peu de place pour l'intime, la complexification et l'amour "moderne".
Le chasseur-cueilleur a, quant à lui, un intime peu élaboré : chacun à sa place. Dans le monde conservateur/puritain, c'est aussi la même problématique. Il faut du néolibéralisme pour fondre un peu les contours et qu'ils puissent davantage s'interpénétrer. Le monde conservateur/puritain rejette l'intime (contrairement aux chasseurs-cueilleurs), car l'intime "ramollirait" les relations et empêcherait l'investissement énergétique nécessaire à la production. Il faut un certain niveau de confort pour un retour de l'intime et pour permettre sa complexification.
Ce sujet a été développé dans notre précédent ouvrage, « Un pas vers une écologie de l'enfance ».

Chapitre 13 :

Merveilleux débuts ?

« L'amour est une fleur délicieuse, mais il faut avoir le courage d'aller la cueillir sur les bords d'un précipice affreux. »[41]

[41] Stendhal, De l'amour.

Si vous avez vécu, à une ou plusieurs reprises, de « merveilleux débuts » avec quelqu'un, vous vous posez peut-être cette question : s'agissait-il d'intime ? Pourquoi semble-t-il qu'il y ait un intime au début, qui disparaît par la suite ?

Parce que le sentiment de proximité que l'on a n'est pas le fait d'un intime, mais de nos projections. Comme la relation en est à ses débuts, chacun en est au stade de la conquête, avec des licornes et des paillettes, et on projette sur l'autre ce que l'on veut. On ne l'a pas encore suffisamment côtoyé pour que notre fantasme cesse par confrontation avec le réel. Nous en sommes donc encore au stade du fantasme relationnel, où l'autre satisfait, en apparence, notre désir de toute-puissance : il comble tous nos désirs, répond à tous nos besoins, tous nos fantasmes. L'autre est un idéal, un miroir de nos désirs.

Au début de la relation, on se fait l'amour à soi, en fait. C'est ce que nous venions de dire avec les caresses : on fait à l'autre ce que l'on aimerait qu'il nous fasse, sans envisager le fait qu'il puisse préférer d'autres caresses, voire ne pas aimer du tout les mêmes caresses que nous. Chacun est enfermé dans un rôle, pour le moment valorisant et gratifiant, puisque répondant aux fantasmes de toute-puissance. Ni l'un ni l'autre ne peuvent encore envisager la réalité de la relation dans ses imperfections, dans les volontés de pouvoir (de toute-puissance) de son partenaire.

Le fantasme de plénitude absolue, par la complétude, ne s'est pas encore heurté à l'éternel inachèvement du réel.

C'est pour cela que certaines femmes peuvent jouir au début de la relation, lorsqu'elles sont dans un certain contexte, puis sembler devenir frigides quand la relation évolue. Leur narcissisme n'est alors plus suffisamment flatté. C'est exactement la même chose en ce qui concerne le désir de l'homme. Ils/elles ne font plus l'amour à un miroir, donc le charme s'évanouit, leurs fantasmes n'étant plus assouvis. Ils sont tout simplement rattrapés par le réel, et ne peuvent plus se complaire dans l'idéal lisse et brûlant qu'ils avaient construit.

Au début de la relation, certaines femmes peuvent ainsi « tout faire », « tout accepter » du point de vue sexuel, mais aussi au quotidien. Ensuite, elles tendront à accroître leurs exigences et laisser de moins en moins de terrain à l'autre, au fur et à mesure qu'elles se referment. Au début, l'autre semble satisfaire tous leurs désirs, et elles sont alors prêtes à faire beaucoup d'efforts pour le satisfaire en retour. Mais dès que le charme cesse, et qu'il n'est plus objet parfait de jouissance, le mépris et la colère montent. Elles ont le sentiment d'avoir été trompées par leur compagnon. Ce n'est pas le réel qui trahit. C'est l'autre ; celui qui peut être accusé, nommé coupable.
Reconnaître le réel pousserait à agir pour construire. Mais si l'autre est coupable alors je n'ai pas à changer.

Précisons que nous prenons, ici, l'exemple des femmes, mais que c'est en vérité exactement la même chose pour les hommes. Pour les efforts fournis comme pour la satisfaction sexuelle, le schéma reste sensiblement le même. On oppose souvent la jouissance masculine et la jouissance féminine, en mettant en avant les difficultés du plaisir féminin, au regard d'un homme qui jouirait automatiquement dès lors qu'il giclerait. Alors qu'en fait, les problématiques sont les mêmes pour l'homme et pour la femme. Ces problématiques ne sont pas fonctionnelles. Elles sont d'ordre relationnel. La frigidité est la résultante de difficultés à être en relation. Pour débloquer l'orgasme, c'est donc sur la relation qu'il faut travailler.

Il y a des femmes qui ne peuvent jouir vraiment qu'en changeant très régulièrement d'hommes. Si elles ne peuvent plus projeter, elles ne peuvent plus jouir. Et c'est la même chose pour les hommes, pour les « Don Juan ». Parfois, c'est simplement des coups d'un soir. Ils/elles ne prennent alors du plaisir qu'à condition de se donner à (ou de prendre) des étrangers.

À nouveau, il ne faut pas envisager cela uniquement sous l'angle de l'orgasme et du plaisir, mais englober ceux-ci sous l'angle de la relation.

Si l'on ne peut jouir qu'avec des coups d'un soir, c'est que notre capacité à aller vers l'autre est faible. Dès lors qu'il y a engagement relationnel, dès lors que l'autre dévoile son visage, le plaisir cesse. L'altérité nous est tout simplement insupportable. Nous sommes enfermés dans un hypercontrôle tel que les relations doivent rester parfaitement lisses.

« Baiser » avec des « coups d'un soir », c'est donc un moyen de consommer des corps, de répondre (partiellement) à nos besoins biologiques, sans être véritablement confrontés aux corps des autres et à notre propre corps.
Si dans l'enfance on n'a pas été accepté en tant que petit animal, si l'on n'a pas pu vivre notre exubérance animale, parce qu'on ne devait pas prendre trop de place ni faire trop de bruit (ne pas être trop dérangeant), c'est notre affirmation et notre expression de soi qui en ont été impactées. A l'âge adulte, nous ne sommes pas en mesure de nous exprimer et de nous affirmer au quotidien.

Passer par des relations « sans lendemain », c'est une voie détournée mais rapidement insatisfaisante de permettre aux corps de s'exprimer. C'est « sans risque ». Sans risque de se faire rejeter, humilier ou blesser. Au quotidien, la peur est trop grande. Le corps doit donc être maintenu sous clé.

Certaines personnes peuvent s'ennuyer dès qu'elles sont en couple, et conserver, comme meilleur souvenir, les ébats d'un soir sur la plage avec un(e) inconnu(e). Ils n'ont alors pas fait l'amour avec un autre, mais avec l'image qu'ils avaient de l'autre, fantasme parfait car relation éphémère et superficielle. Le sentiment de proximité que l'on peut avoir avec l'autre au tout début est donc lié à ce que l'on projette sur lui. Il est alors objet de nos projections, de nos fantasmes.
Tout objet nouvellement acquis possède son aura « numineuse », c'est-à-dire divine, qui perd rapidement de son éclat avec un usage quotidien.
Ce qui est assez paradoxal, c'est que l'on peut avoir l'impression que l'autre est sublime, une personne « à part entière » incroyable. C'est, en fait, à ce moment là que l'on se trompe le plus sur lui, jusqu'à, parfois, raconter n'importe quoi : il/elle est fantastique, etc. Il/elle est en vérité notre objet, et comble, à ce moment là, tous nos fantasmes. Et c'est pour cela qu'il/elle est fantastique. Non parce que nous le considérons dans toute sa différence, en tant qu'individualité radicale.

À partir du moment où il devient Sujet, la relation fantasmée et idéale se casse, s'écroule.

Comme l'a écrit Sartre, l'enfer c'est les autres. Dès que l'autre devient véritablement autre, alors on tombe brutalement du paradis vers l'enfer. Un enfer qui n'est autre que le réel avec lequel tout adulte mature doit composer.

CHAPITRE 14 :

TOUT SUR LE SUJET

« L'Enfant constitue à beaucoup d'égards la partie la plus précieuse de la personnalité, et peut apporter à la vie individuelle exactement ce que le véritable enfant peut apporter à la vie familiale : le charme, le plaisir et l'esprit créateur. »[42]

[42] Eric Berne, Que dites-vous après avoir dit bonjour ?

L'intime ne peut exister qu'entre deux Sujets. Cette thématique a déjà été largement abordée dans « Un pas vers une écologie de l'enfance », ainsi que dans certains articles.
La thématique du Sujet est fondamentale, centrale. Il ne peut pas y avoir d'intime sans Sujet.
Le Sujet, c'est celui qui dévoile son visage. C'est celui qui construit son individualité radicale, et qui la nourrit. C'est celui qui se creuse, qui se découvre un « plus intérieur » et qui le cultive. Par ses lectures, par ses actions, par ses discussions ; bref, c'est celui qui grandit dans et au travers de toutes ses relations. C'est celui qui suit le chemin imparfait de l'humanisation.

Sujet :

Le Sujet est un individu doté d'une aptitude à l'autonomie. Cette autonomie se constitue par rapport au pouvoir, et dans la capacité à mieux diriger sa vie, par la connaissance et la reconnaissance de l'Autre en tant que Sujet. Dans notre société ultra-individualiste, paradoxalement, le Sujet est amené à disparaître. Qui dit individu ne dit pas nécessairement Sujet. En effet, un individu peut être un consommateur dans une masse indifférenciée, refusant la connaissance de soi et l'auto-examen, tout comme il refuse l'altérité, ne concevant l'autre (et lui-même) que comme des objets de jouissance.

Il peut y avoir plus ou moins de Sujet, c'est sûr, mais il doit au moins exister.

Car l'intime ne peut apparaître entre objets[43].

[43] Si l'on ne se développe pas en tant que Sujet, on reste objet.

Au tout début de la relation, nous entretenons une relation objectale, d'objet à objet. On début de la relation, chacun souhaite satisfaire son narcissisme, et répondre à la quête identitaire. Chacun veut objectiver le monde entier. Les autres sont des objets qui doivent nous être soumis.

Donc, au début de la relation, quand l'autre accepte le rôle d'objet et que je suis objet pour lui, tout va bien, on se sent « proche ». En réalité, nous n'avons jamais été aussi loin l'un de l'autre. Il n'y a pas d'enjeu. Il n'y a que le sexe, qui ne représente alors, en soi, pas encore un enjeu.

Notre fonction biologique première est de nous reproduire. Poussés par cette nécessité vitale première, nous objectivons l'autre pour parvenir au sexe. Mais nous ne sommes jamais aussi loin l'un de l'autre qu'au début de la relation.

C'est en se rapprochant que la relation va commencer à se craqueler, car on n'acceptera plus que l'autre veuille nous objectiver. Inversement, lui n'acceptera plus d'être objet pour nous. Chacun dira : « Mais moi je suis une personne à part entière ». C'est le Sujet qui pointe, qui veut se dire et s'affirmer.
Mais le plus souvent, cette percée avortera et il ne restera que l'individu frustré.

Le Sujet est un attribut que l'on voudrait pour soi, sans effort, et pas pour l'autre[44]. Car il nous engage à affronter son altérité. À composer avec elle, à faire des compromis. À devenir (vraiment) Sujet. À entrer en relation. Cela exige davantage d'efforts (de curiosité, d'ajustements), là où l'immaturité de chacun le pousserait à en faire de moins en moins.

À partir de là, la relation peut, soit se terminer rapidement, soit il va s'instaurer un jeu enfermant chacun dans un rôle, permettant que la relation dure malgré les non-dits. Les « jeux », c'est ce qui permet de continuer sur un modèle relationnel du « moindre effort ». C'est-à-dire que l'on peut ainsi éviter de rencontrer l'Autre, en tant que Sujet. Nous sommes épargnés par l'altérité de chacun, et par la corvée du fait de composer et d'accepter et élaborer des compromis tournés vers la croissance.

Un jeu relationnel de basse complexité, c'est ce qui assure la permanence d'un couple afin d'assurer à chacun des gratifications minimum ; et sans amour. C'est un contrat passé entre deux objets incapables d'avancer sur la voie de l'humanisation. Incapables d'être des Sujets.

---

[44] Ce qui est impossible, puisque le Sujet est intimement lié à la reconnaissance de l'autre dans son altérité. Si l'on n'a plus de droits et de devoirs envers les autres et envers soi-même, on n'est plus un sujet. On peut être individu sans être un Sujet. Sans Sujet, on ne peut plus se penser. Le Sujet est un être respecté et responsable. Il envisage ses rôles sociaux avec respect (Bateson).
« Voici ce que je considérerai comme promoteur de la dignité humaine : a) les séquences de comportement interpersonnel qui accroissent l'estime de soi d'un des acteurs sans diminuer celle des autres; b) les séquences qui encouragent l'estime de soi chez tous les acteurs; c) les idées générales et les conceptions de la vie qui nous aident à envisager nos rôles sociaux avec respect. » (Bateson)
C'est typiquement les conditions de l'accomplissement du Sujet.

S'il y a plein de non-dits, chacun reste un objet. Il n'y a pas de Sujet. Il n'y aura pas d'intime. Or ce qui doit être dit ne peut se dire que dans l'intime. Et si la relation est pleine de non-dits, d'amertume, ceux-ci sont autant de barrières érigées entre l'un et l'autre. Au fil du temps, ces non-dits s'accumulent, et la distance entre l'un et l'autre s'accroît. Il y a de moins en moins de place, de possibilités pour l'intime. La relation, et l'un et l'autre dans la relation, ne peuvent se régénérer, croître et durer. C'est le risque d'être rattrapés par l'entropie. Tout ce qui vit, sans croissance, ne peut que dégénérer.

Chapitre 15 :
Se dire à l'autre

***« Elle va mourir parce que nous ne la comprenons pas. Elle meurt de faim, et nous la laissons mourir parce que nous ne la comprenons pas quand elle nous dit avec quoi nous pourrions la nourrir. »*[45]**

[45] Barjavel, La nuit des temps.

Les choses les plus essentielles, dans le rapport à soi, dans le rapport à l'autre, dans le rapport au monde, ne peuvent se dire que dans l'intime. Elles ne peuvent se dire que dans un environnement, un espace au sein duquel on abandonne tout rapport de force. C'est-à-dire qu'on abolit les murs entre l'autre et soi.

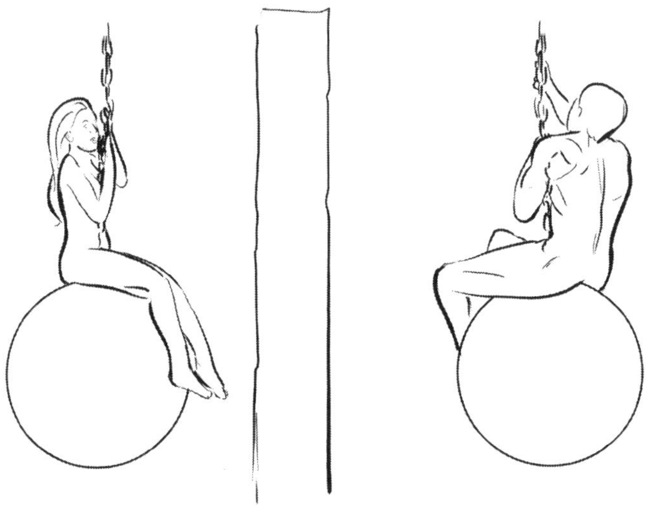

On ne va pas dire ce qui est le plus douloureux pour nous, ou ce qui tient de l'ordre de nos désirs sexuels, de nos fantasmes les plus profonds, les plus fous ; on ne va pas les confier à quelqu'un si l'on pense qu'il/elle peut nous faire du mal. On va essayer de garder le contrôle de la situation. Pour pouvoir être dans l'intime, il faut pouvoir accepter de perdre le contrôle. Et, pour cela, il faut qu'il y ait de la confiance. Il faut donc un contrat implicite au sein du couple, un contrat d'intime, un contrat entre deux Sujets.

« Je m'engage à ne pas me servir de ce qui sera dit contre toi ».

Même si cela n'est pas dit, que cela reste implicite, il faut que cela soit exprimé d'une manière ou d'une autre. Que chacun sente profondément que l'autre n'utilisera pas ce qui est dit, dévoilé, contre lui. L'amour le plus profond, comme l'amitié la plus aboutie, puisent leur source dans un espace à jamais pacifié.
L'intime ne peut aller sans humanité. C'est une grande leçon d'humanité.

Tout le monde connaît quelqu'un à qui il s'est confié, et qui en a profité pour aller colporter ce qui a été dit ailleurs, balançant tout sur la voie publique, et brisant ainsi la confiance. On subit alors la plus grosse blessure de toute notre vie. Ce qui avait été dit, ce qui était de l'ordre de l'intime et qui nous fonde (car cela peut être des angoisses, des désirs, nos pensées profondes, nos douleurs, ou notre histoire), a été piétiné et livré en pâture au monde. L'autre a craché sur nous, sur notre humanité, en dévoilant ce qui n'aurait pas du l'être, en dévoilant notre fragilité. La spontanéité totale qui s'exprime quand le masque tombe devant l'autre peut être un levier contre nous.

Évidemment, si cela est déjà arrivé, que l'on s'est senti humilié, on aura certaines réticences à se dévoiler à nouveau à quelqu'un.

Or, si ce qui nous compose : nos peurs, nos angoisses, nos joies, ces élans et pensées qui tourbillonnent en nous chaque jour, nous ne pouvons le partager à un autre ; d'abord par la parole, puis par le corps, par l'empathie, hé bien, on ne pourra jamais avancer dans la relation. C'est ce qui nous bloquera dans des « jeux », chacun figé dans un rôle. On en reste au même stade, incapable de nous construire, incapable de grandir. Sans spontanéité, la croissance s'arrête.

« Si je n'ai pas pu grandir, hé bien, je ne grandirai pas, je ne grandirai plus. »

Pour grandir, il faut nécessairement aller chercher cela en nous, pour pouvoir le sortir, le dévoiler dans un cadre particulier et sécurisé, à l'abri du monde, cadre permis dans une relation intime avec quelqu'un. Ce qui va « sortir » n'a pas forcément de sens, de profondeur, de génie. C'est juste soi, à un moment donné, une expression verbale et corporelle spontanée, entière, dans la confiance.

Chapitre 16 :

L'intime, avec qui ?

« Or, sous l'éclat de la rupture, n'est-ce pas là encore une transformation silencieuse qui n'a cessé de travailler? Car peuvent-ils oublier ces premiers silences, ces premiers évitements, ou même seulement les premiers frôlements non amoureux qui ont produit, au fil des jours, sans qu'ils aient songé à s'y arrêter, cette érosion affective semblable à l'érosion géologique qui a fait s'ébouler soudain tout un pan de la falaise sur leur rivage? Mais, comme c'est "tout" qui peu à peu s'est modifié entre eux et que rien n'y échappe, que tous ces infléchissements sont allés de pair jusqu'à l'inversion - à la fois des intonations, des regards, des gestes d'impatience - comme dans une symphonie bien ordonnée, rien ne s'en est distingué et l'évolution, ambiante, leur est demeurée invisible comme une atmosphère. Puis un jour, et même à propos d'un rien, trait purement anecdotique, ils se sont soudain rendu compte que leur relation est morte: que leur connivence s'est muée en indifférence, ou même en intolérance, et que, en dépit de l'effort qu'ils font encore pour se cacher cette évidence, ils n'ont plus d'avenir commun devant eux. »[46]

[46] François Jullien, Les transformations silencieuses.

L'intime ne peut être partagé et élargi au monde entier. Sinon, ce n'est plus de l'intime. Dès que l'on veut livrer notre intime au monde, tel un youtubeur le scénarise, on le livre pour produire un effet théâtral. On le réduit, le manipule. Il n'y a plus d'intime. Il n'y a plus qu'impudeur et jeu malsain.
Rappelons le canevas de base pour comprendre l'intime, les questionnements et positionnements éventuels à avoir :

- Comment vais-je vers l'autre ? Quel est mon degré d'immaturité ? A quel point suis-je narcissique ? Quel est mon degré d'objectivation de l'autre ? De moi-même ?
- Quel est mon degré de contrôle ? Suis-je en mesure de l'identifier au quotidien ?
- De quoi dois-je me départir ?
- Quel est mon rapport à l'ineffable ? Quel est mon rapport au corps ? L'expression et l'affirmation par le corps sont-elles permises ?
- Comment puis-je qualifier et décrire l'entente dans mon couple ? Pouvons-nous aborder le sujet de la relation ? Pouvons-nous aborder des sujets profonds ?
- Quelle est la nature des conflits au sein du couple ? A-t-elle évolué ? De quelle manière absorbez-vous les conflits ? Comment les gérez-vous ? Qu'est-ce que cela dit de vous, de l'autre et de votre relation ?

Nous pouvons être absorbés par le tourbillon quotidien du travail, des enfants, et de nos passions personnelles[47].

Nécessairement, nous devons composer avec l'altérité de chacun, et faire face à certains conflits. Tous les conflits qui vont naître de nos différences seront mieux absorbés à partir du moment où chacun revient dans l'intime. Nous pouvons donc également questionner l'évolution de la relation : va-t-elle vers plus de gratifications, plus de partages ? Les conflits sont-ils moins importants, moins fréquents, et plus vite absorbés ? Ceci permet de poser le fond de la relation.

- Testez-vous la relation dans le sexe ? Où en êtes-vous ? Où en est l'autre ? Qu'est-ce que cela dit de vous, de l'autre et de votre relation ?

[47] Parce qu'on n'est pas obligé d'avoir les mêmes centres d'intérêts, les mêmes désirs que l'autre.

L'intime premier, vécu avec la mère, est un lien primaire, corporel, animal. C'est un lien de fusion totale avec la mère. A l'âge adulte, c'est dans le sexe que l'on va pouvoir retrouver ce lien premier, cette capacité à être absorbé par l'autre, à se sentir en fusion avec un autre. Dans le sexe, on retourne à une basse complexité. On retrouve le lien le plus primaire et animal avec un autre et avec soi-même.

On est absorbé par l'autre, mais également par le monde. Toute la complexité que nous avons acquise, en tant qu'adulte, redescend durant le sexe, puis dans l'orgasme, pour que chacun revienne à un stade complètement primaire. On se dilue dans l'univers. On fusionne avec lui. On est, comme on va être quand on va mourir, et comme on était dans le ventre de la mère. C'est important de le comprendre.

Remarque : On peut avoir de l'intime avec un ami, ou avec un thérapeute, dans des relations au sein desquelles il n'y a pas de sexe.

L'intime n'est donc pas exclusivement réservé aux relations amoureuses. On peut partager un intime avec un ami, un membre de notre famille ou un thérapeute. Il ne peut toutefois pas s'étendre au monde entier. L'intime est gourmand, exigeant. Il demande des efforts et du temps. On peut le construire avec des personnes, qui deviendront des personnes de référence, de confiance, avec qui on se construit, et avec qui on peut se laisser aller. C'est une toute autre dimension qui ne se commande pas. Avec certains le sexe est le seuil qu'on ne franchit pas, car si l'intime est fort, le passage au sexe change la nature de la relation.

Avec certains amis, nous ne parviendrons jamais à construire un intime. Tout simplement parce qu'il subsiste un fond de rapport de forces, indépassable, qui inhibe toute possibilité de se laisser aller, de se lâcher et de se dire. Intuitivement, on pressent que l'autre pourrait se servir de ce qui est dit contre nous.
Logiquement, la fonction du thérapeute serait de construire un cadre permettant à l'intime d'advenir, car ce qui est confié par le patient ne sera jamais utilisé contre lui. La confiance ne sera jamais trahie.

À partir de là, on peut se questionner : l'intime peut-il être aussi fort dans l'amitié, alors qu'il n'y a pas le même rapport au corps ?

C'est une question de degré. Il s'agit d'un continuum. À l'extrême, il y a le sexe et l'orgasme. Puis il y a le fait de partager par le corps, par la parole avec l'autre. Et, cela, c'est tout à fait possible avec un ami. On peut avoir un ami et lui faire un câlin. Cela ne veut pas forcément dire qu'on désire aller plus loin, sexuellement, avec lui.

Les thérapies manuelles peuvent, dans ce cadre, apporter un espace de relâchement et de sécurité avec un autre. Par le toucher, un geste d'humanité, et certaines paroles délivrées au moment propice, l'intime peut apparaître, et ce qui doit être dit, par le corps, les émotions, peut alors sortir.

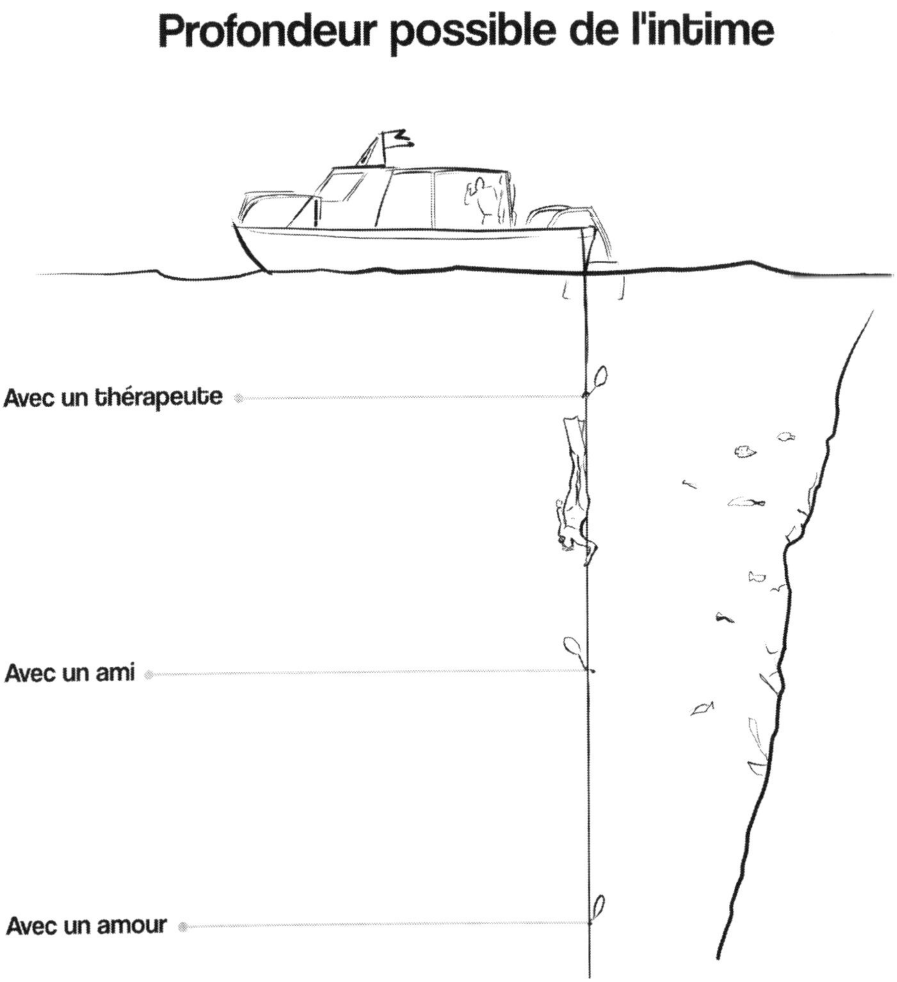
Profondeur possible de l'intime
Avec un thérapeute
Avec un ami
Avec un amour

Chapitre 17 : Thérapies manuelles

« Le lait ne suffit pas aux bébés singes ni aux nouveau-nés humains ; ils ont aussi besoin du bruit, de l'odeur, de la chaleur et du contact maternels, sans quoi ils dépérissent, tout comme les adultes quand personne ne leur dit bonjour. »[48]

[48] Eric Berne, Que dites-vous après avoir dit bonjour ?

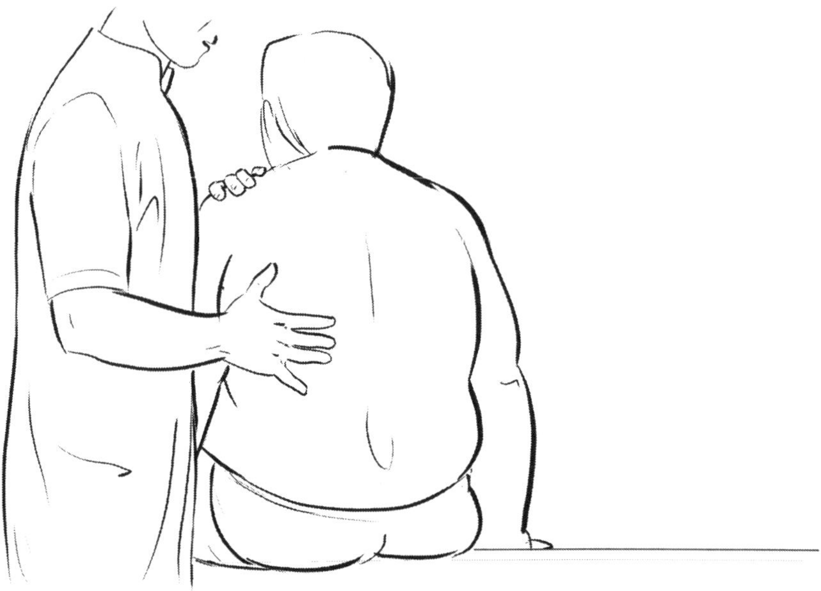

Prenons l'exemple d'un ami ostéopathe qui, recevant un patient dans son cabinet, a pu mettre en place un intime avec lui. Le patient en question avait une quarantaine d'années, et était usé par la vie. Il était obèse, avait de nombreux problèmes de santé, et souffrait de maux de dos. Lors de la séance d'ostéopathie, il eut besoin de parler, et de confier son histoire, recueillie par cet ami. Touché par ce qu'il venait d'entendre, et par ce vécu, celui-ci eut un geste humain envers son patient : quelques mots doux et une tape sur l'épaule, en geste d'amitié. Le patient s'est alors effondré en larmes, retombant à un stade juvénile. Il fût alors reçu et cajolé.

Personne ne lui avait demandé depuis des années comment il allait. Personne ne s'était inquiété de lui, de ses ressentis. Il avait été profondément touché par ce geste humain. Après cela, il n'y avait, mécaniquement, plus rien à faire. Notre ami ostéopathe avait fait ce qui était le plus nécessaire pour son patient. Il lui avait fourni ce dont il avait le plus besoin : du lien et de l'humanité, de l'intime. La plupart du temps, dans un cabinet d'ostéopathie, les patients sont en demande de contact, d'intime, plus que de manipulations mécaniques. Par le geste et la parole, cet ostéopathe a pu faire passer un message profond : « Je suis là. Je te vois. Je t'entends. Et je peux te recevoir. »
« La plupart du temps, j'ai plus de retours sur ce que chaque patient vit dans son quotidien, sur ce qu'il traverse émotionnellement, plutôt que ce qui leur arrive mécaniquement. Une fois dépassée la plainte « j'ai mal au dos, ou ici, ou là », le patient exprime généralement un besoin de lien, de compréhension, d'écoute et d'acceptation. »[49]

Il y a deux voies : les personnes qui viennent se décharger, et qui trouvent, dans la thérapie manuelle, la possibilité de se dire sans qu'un autre n'en profite. Dans leur quotidien, ces personnes n'espèrent pas d'intime, trop déçues et effrayées à l'idée de se dire. Au fond d'elles, elles n'attendent plus d'amour. La deuxième voie, c'est la création d'un intime, qui est immédiatement thérapeutique. Les personnes viennent, avec l'espoir, au fond d'elles, d'être acceptées et aimées. Si le thérapeute leur montre un geste d'humanité, un geste d'amour, toutes leurs barrières s'écroulent et l'intime apparaît.

[49] Citation de notre ami ostéopathe.

La relation thérapeutique manuelle s'étend donc au-delà du simple aspect mécanique. Ce qui est véritablement thérapeutique, c'est le lien profond à un autre. Sont mis de côté, bien entendu, les blessures et accidents nécessitant une rééducation (et par conséquent, un véritable travail mécanique). Et cette analyse garde toute sa pertinence, sa puissance, quand il s'agit du cabinet du médecin. Qui bien souvent n'entend pas ce besoin d'intime, tant il a lui-même du mal avec l'Autre.

La plupart du temps, la régulation se fera par le contact humain, le lien profond à l'autre, et on n'a pas besoin de parler beaucoup pour cela. On installe les conditions pour que chacun se régule quasiment tout seul. Le corps, c'est l'histoire de chacun. Et c'est par le corps, par le toucher que ce qui n'est pas racontable peut être transmis, écouté et accepté. Par un regard et toute expression qui dit l'acceptation.

Chapitre 18 :

Intime et refoulé

« La plus grande terreur de l'enfant est de ne pas être aimé : il craint plus que tout au monde d'être repoussé. Chacun l'a été, à un degré plus ou moins grand. De là naît la colère, et la colère pousse à un crime quelconque pour se venger, et avec le crime vient la faute : c'est l'histoire de l'humanité. »[50]

[50] A l'est d'Eden, Steinbeck.

Nécessairement, la relation intime, qui ne peut s'établir que dans la confiance et dans le relâchement, va amener le refoulé à être exprimé. Le refoulé est constitué du vécu le plus douloureux, que chacun va enfuir profondément en soi, parfois sans le savoir, pour pouvoir supporter la vie, continuer à vivre et fonctionner socialement. Plus le refoulé est important, plus on aura des difficultés à se laisser aller, à supporter le relâchement, pour aller vers l'autre. La confrontation avec certaines blessures douloureuses, imprimées dans notre chair, dans notre corps, provoquera nécessairement de la peur, des angoisses, de la colère ou de la folie.

Ce qui nous empêchera d'aller vers l'autre, c'est la peur d'être à nouveau victime. Car, sauf évènement traumatique (accidents, violences extérieures, etc.), si on a refoulé, cela sera dans l'enfance, dans la relation avec le parent. On a ressenti, au plus profond de notre chair, que notre parent refusait notre exubérance, nos émotions, nos ressentis, et donc notre existence. Notre parent nous a communiqué, par ses gestes ou ses paroles, que notre demande d'amour était dérangeante, et qu'il ne voulait pas être submergé par cela. Par conséquent, on a refoulé cette demande alors que nous étions dans un sentiment de fragilité extrême. Et donc, à l'âge adulte, imaginez la difficulté de chacun à aller vers l'autre, à être dans l'intime.

Le contrat que l'on doit passer avec l'autre doit être bien pensé, voire verbalisé, car le chemin vers l'intime ne sera pas une ligne droite. Il sera sinueux, difficile, car associé à des émotions refoulées.

Ce refoulé, il peut être explosif. C'est ce qui fait qu'on ira de plus en plus mal tout au long de notre vie. Et, si, à l'image de cet homme obèse, pris plus tôt en exemple, on a accumulé les tensions, et maximisé notre refoulé, mais que l'on conserve cette petite vague d'espoir en nous ; les barrières n'étant plus très fortes, usées par la vie, celles-ci pourraient bien exploser et permettre au refoulé d'être dit, si quelqu'un est alors présent pour le recueillir.

Accueillir l'Autre, le différent, c'est le premier pas de l'amour.

L'intime paraît donc effrayant pour la plupart d'entre nous, parce qu'il est cause, dans l'enfance, de certaines de nos plus grandes blessures, et parce qu'il entraîne, à l'âge adulte, une remontée du refoulé. La relation intime entraîne, avec elle, le ressenti corporel de tout ce que nous n'avons pas vécu, et de toutes les souffrances induites par ce manque de lien, alors que nous étions les plus vulnérables.

C'est dans le relâchement que les traumas peuvent s'exprimer[51], et, l'intime, lié au relâchement, va induire une remontée des traumas (du refoulé).
C'est ce que l'on veut éviter à tout prix, même si, une fois exprimé, s'il a été accueilli, c'est la seule et unique voie pour guérir et grandir. On repousse la survenue du refoulé, car on ne veut pas ressentir la peine immense à laquelle il est lié. Mais, si quelqu'un est là, présent pour nous accueillir, le corps peut alors se dire. Il peut dire et exprimer ce qui n'avait pu être dit et exprimé, et qui avait désespérément besoin de l'être. On se sent alors libéré d'un poids immense, poids qui nous entravait au quotidien dans notre vie. On peut à nouveau croître.

Un système entier peut se construire pour éviter l'intime.

L'intime effraie.

Il est une menace, car il met en péril le maintien du refoulé. Le contrat implicite du couple sera donc d'éviter de se rencontrer, d'éviter l'intime, afin de maintenir le refoulé de chacun sous clé. Chacun préservera les jeux du couple, son rôle et celui de l'autre ; afin que rien ne dépasse, que tout soit « sous contrôle ». Tout, c'est-à-dire, les émotions, les ressentis, le corps, l'exubérance animale de l'être humain, soigneusement lissés et mis sous clés.

[51] Il nous faut pouvoir vivre une « période d'accalmie » suffisante. A ce sujet, nous vous renvoyons à notre précédent ouvrage, « Un pas vers une écologie de l'enfance ».

Ainsi, par exemple, on prétextera qu'on n'a pas le temps : les enfants étant prioritaires, chacun étant pris par un travail stressant et énergivore. Ou la santé de l'un ou l'autre ne permet pas de se « retrouver ». On pourra également prétexter que « l'autre est ainsi », ou que « je suis comme cela », donc l'intime n'est pas envisageable.
Mon compagnon est violent, ma compagne est hystérique, l'autre est uniquement obnubilé par lui-même, etc. Nous aurons, là, une excuse toute faite pour ne pas aborder les problèmes de fond, et pour continuer à nous éviter. Par peur de soi, du relâchement, de l'animal blessé en soi, on essentialise l'autre, lui faisant porter le poids de nos faiblesses. Il ne s'agit pas de se décharger de ce poids temporairement, chez un thérapeute ou en adoptant des conduites extrêmes (alcool, harcèlement, sports intenses). Il s'agit de se libérer à jamais de ce poids et de se remettre à croître. Et ça, seul l'intime le permet.

Le refoulé

CHAPITRE 19 :

CRÉER OU RECRÉER DE L'INTIME

« Nous sommes tellement abusés par le langage, que nous ne pouvons plus penser correctement. Il ne serait donc pas inutile que, de temps à autre, nous nous souvenions que nous sommes réellement des mammifères ; et que c'est l'épistémologie du "cœur" qui caractérise tous les mammifères non humains. »[52]

[52] Gregory Bateson, Vers une écologie de l'esprit, tome 2.

Comment créer ou recréer de l'intime, quand le lien à l'autre ne va pas de soi ?

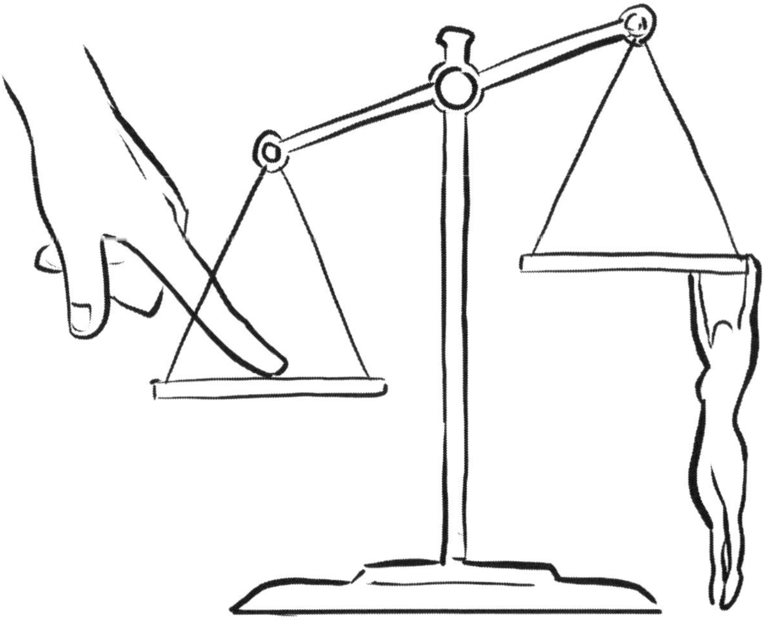

En premier lieu, il s'agira de penser les rapports de force au sein du couple :

- Qui a le pouvoir ?
- Qui impose son rythme à l'autre ?
- ⇨ Qui décide des rapprochements, et de la nature des rapprochements ? Qui décide si l'autre doit être tenu à distance, ou si le couple peut être plus proche ? Lors des discussions, qui décide des sujets à aborder, et ceux qui doivent être écartés ? Qui démarre les crises, et qui rompt le contact en cas de crise ? Etc.

Ces quelques questions permettent d'envisager la distribution du pouvoir au sein du couple. Dans certains cas, celle-ci reste facilement identifiable : l'un ou l'autre, au sein du couple, a le levier en sa faveur. C'est lui/elle qui définit la nature de la relation. C'est lui/elle qui détient le pouvoir. Dans ce cas de figure, il n'y a pas d'intime. Le couple est enfermé dans un « jeu », au sein duquel chacun a un rôle prédéfini et contraignant. Le but, c'est d'avoir et de maintenir le contrôle.

Pour déterminer qui détient le levier, on peut ainsi se poser la question de celui ou celle, au sein du couple, qui pousse l'autre à perdre le contrôle, ou qui tient l'autre en son contrôle.

Pour illustrer cette question, nous prendrons trois exemples classiques afin que chacun comprenne les enjeux de pouvoir de chaque système-couple présenté ci-après. Ce sont trois exemples de « jeux », dans le sens donné par Eric Berne.

- ⇨ Exemple de la femme « battue » : l'homme détient le levier. Il va gérer les sorties et les relations de sa compagne, il va gérer son argent. Il va imposer les relations sexuelles et leur fréquence. Il va imposer les contacts, et leur nature (violence, tendresse). Il contrôlera le rythme familial, et décidera si chacun doit être en vigilance, en tension, ou s'il doit se détendre, se relâcher.

- ⇨ Exemple de la femme hystérique : la femme détient le levier. Elle décidera des sorties, des dépenses, des relations que le couple pourra ou ne pourra pas entretenir. Les sujets qu'elle jugera dérangeant seront évacués par des crises, allant du rejet (ignorance), à la colère, voire à la violence (contre l'autre ou elle-même). Elle contrôlera son compagnon et imposera la paix ou la guerre dans son foyer. Elle peut se victimiser d'une façon ou d'une autre, prétextant sa santé ou un caractère blessant, afin de s'assurer le monopole du pouvoir au sein de la famille.

⇨ Exemple de la femme provocatrice : la femme détient le levier. Elle jouera à pousser son compagnon à bout pour amener celui-ci à perdre le contrôle, et à faire une crise de colère. Dans ce cas de figure, l'homme ne frappe pas sa femme, mais hurle. Il peut casser certains objets dans la maison. A l'inverse de l'exemple de la femme battue, c'est la femme qui a ici le levier. Elle jouira du manque de contrôle de son compagnon, et s'en servira comme prétexte pour éviter les rapprochements, et pour justifier ses propres comportements. C'est elle qui décidera des éventuels rapprochements (sexuels, contacts, nature des contacts et rapprochements). Elle imposera également le rythme au sein de la maison : doit-on être en tension, en vigilance ? Ou chacun peut-il se détendre ? Elle peut être effrayée par son partenaire. Il s'agit, en vérité, du but recherché lorsqu'elle le provoque. Sa vision d'un monde dangereux est ainsi validée. « J'ai raison de le tenir à distance. J'ai peur de ses explosions de colère. Je ne peux pas lui faire confiance. Il n'est pas fiable. Je ne peux que le considérer comme un ennemi, car il nous effraie, les enfants et moi-même. »

Le levier n'est ainsi pas forcément en faveur de la « victime apparente ». Un homme en apparence violent peut être le bourreau, ou s'avérer être la véritable victime. La violence étant, dans ce deuxième cas de figure, l'unique moyen d'expression autorisé dans le couple.

Dans ces trois exemples, chacun est conforté dans une vision du monde et de l'autre interdisant toute possibilité d'intime. Les jeux et les rôles sont parfaitement distribués et contrôlés. La relation, quant à elle, reste superficielle. L'autre, considéré comme ennemi, ne peut être fiable.

« Je ne peux lui accorder ma confiance, car les jeux sont ainsi faits. Il n'est pas mon égal, il ne peut y avoir de réciprocité dans notre relation. Je ne peux par conséquent pas me laisser aller et abaisser mes barrières. Si je ne contrôle pas, l'autre en profitera pour me blesser, pour me détruire. »

Généralement, qui a le contrôle des rapports sexuels détient le levier du pouvoir en sa faveur. Il se peut également que le couple se soit construit autour d'un accord tacite visant à éviter les rapprochements.

Le levier de pouvoir peut également être fluctuant : il n'est pas forcément en faveur de la même personne au sein du couple.

Les rapports sexuels ne dépendent pas des désidératas exclusifs de monsieur ou de madame. Chacun sait qu'il peut aller chercher chez l'autre un rapprochement. Chacun peut « prendre » ce dont il a besoin, « donner » ce dont l'autre a besoin, ou « recevoir » l'autre s'il en a le besoin. L'exclusion, le rejet et l'humiliation ne font pas parties du modèle relationnel du couple. C'est un cas de figure qui témoigne d'une plus grande souplesse au sein de la relation, et qui laisse une place éventuelle à l'intime, puisque basé sur plus de réciprocité et d'égalité. Les « jeux » et les rôles y sont plus complexes, plus souples. Ils permettent une plus grande marge de manœuvre à chacun, au sein de la famille. Chacun peut y prendre sa place, et être caressé, accueilli et accepté.

Les « jeux » et les rôles ne sont donc pas forcément néfastes : nous en avons besoin pour pouvoir faire société, pour pouvoir faire groupe. Au sein d'une famille, ils sont également nécessaires. Les rôles, c'est le respect de certains engagements, de certains devoirs envers l'autre, qui sont liés à notre place au sein de la société, d'un groupe ou de la famille. « Envisager les rôles sociaux avec respect[53] », c'est envisager ses devoirs, les attentes des autres à notre égard, et les respecter, parce qu'on fait ainsi preuve d'humanité. Considérer les rôles avec souplesse, c'est être en mesure de s'adapter à une multitude de contextes, associés à des attentes, des besoins différents.

[53] Gregory Bateson.

Ainsi, au travail, nos interlocuteurs n'ont peut-être pas les mêmes attentes que notre petit garçon de 4 ans. Être souple, c'est pouvoir considérer une multitude de points de vue, c'est tenir le rôle attendu sans s'y enfermer, sans tomber dans une tension destructrice.
Envisager les rôles autrement, et sortir de son nombril, des relations purement narcissiques et nombrilistes, pour aller vers l'intime, c'est envisager autrement le rapport tension/détente. C'est une toute autre relation à la tension et à la détente qui se met en place. Lorsqu'on est enfermé dans un rôle, dans des jeux, on ne supporte généralement ni une tension trop forte, ni une détente trop forte. C'est-à-dire que l'on évolue dans un cadre étroit, contrôlant notre environnement et nous-mêmes afin de rester dans des marges étroites. Ce faisant, nous ne pouvons nous laisser aller à l'autre, à l'intime. Ce faisant, nous ne pouvons également croître. Toute perturbation, toute tension, sera contrôlée, combattue ou évitée pour que l'on reste dans du « même ». On voudra reproduire constamment des schémas identiques, schémas associés à un rôle et un jeu prédéfinis.

C'est uniquement en sortant de soi pour envisager l'autre que l'on pourra grandir, mûrir, et accéder à des relations profondes, bien plus gratifiantes que lorsqu'on reste seul au monde. Car tout individu obnubilé uniquement par lui-même, enfermé dans une quête narcissique, et incapable d'envisager l'autre, ne peut que se sentir seul au monde, intérieurement vide. Prendre l'autre en soi, c'est envisager ses différences, les interroger, les comprendre et les intégrer ; et, par contraste, on apprend ce qui nous fonde, ce qui nous constitue. On se remplit grâce à l'autre.

Être accaparé par son nombril, c'est être enfermé dans une idée, une construction restreinte et contraignante de soi, restreignant et contraignant nos relations avec le monde, les autres et nous-mêmes. C'est être enfermé dans un rôle et un jeu. Certains, accaparés par leur nombril, pensent que vanter publiquement leur « je-m'en-foutisme » sur les réseaux sociaux, fait d'eux des personnes fantastiques et désirables.
Des individus à part entière, distincts de la masse. Ils déclarent que « L'avis des autres ne compte pas » ; que «Personne ne peut les influencer ou leur dicter leurs comportements », etc. Ces affirmations « magiques » suffiraient à faire d'eux des Sujets. En réalité, ils n'ont jamais été aussi loin d'eux-mêmes, et d'une quelconque individualité véritable. Ils sont enfermés dans un rôle, et ne peuvent tout simplement pas en sortir.

Nous avons besoin des rôles. Si nous les envisageons avec plus de souplesse, ils sont une opportunité d'envisager d'autres points de vue. Ils sont une opportunité d'évolution, de croissance. Nous avons également besoin d'exister en dehors de tout rôle, dans l'intime, avec notre partenaire, nos amis ou nos enfants, afin de pouvoir nous régénérer, nous construire, nous complexifier.

Ce qui est vraiment néfaste, c'est l'enfermement dans les rôles.

C'est pour cela que l'on va objectiver l'autre. Nous ne sommes plus capables d'envisager les attentes véritables des autres en société et d'y répondre sans leur nuire. On ne peut plus arborer le rôle qui convient à une situation donnée. On reste enfermé dans un rôle donné, sans pouvoir en sortir. Par exemple, on sera enfermé dans le rôle du « bon garçon », du « raté », du « fainéant », de « celui qui contrôle tout, tout le temps, et qui prend les devants » ; « du bosseur », de « celui qui endosse toutes les responsabilités » ; du « bon à rien », etc.

On va rester enfermé dans ce rôle, et ce rôle va nous poursuivre, jusque dans notre foyer, jusqu'au plus intime. C'est-à-dire que l'on s'identifiera exclusivement à ce rôle, et que nous ne serons pas en mesure d'agir autrement. On agira de même au travail et à la maison ; quelque peu agacé et embarrassé par les attentes et besoins de nos enfants ou de notre partenaire, qui sortiront du « cadre établi » par ce rôle bien défini.

Pour pouvoir reconstruire de l'intime, il va falloir considérer les rôles autrement, afin de gagner en souplesse. Pour considérer les rôles autrement, avec davantage de respect, il nous faudra considérer l'autre autrement. Nous allons devoir prendre en compte l'altérité. Nous pouvons commencer par nous dire : « Eh bien, il existe tout un tas de possibles relationnels, et moi, je n'en connais que le 1/1000. Et si j'essayais ceci, et si j'essayais cela, comment réagiront mes enfants/clients/etc. ? Qu'attendent-ils de moi, en réalité ? Et si je pouvais prendre véritablement du plaisir à les gratifier, à leur faire du bien ? Puis-je envisager d'autres règles relationnelles, plus gratifiantes, qui auront, pour finalité, de me conduire vers plus de spontanéité dans ma relation de couple, ou avec mes enfants ? »

Il va nous falloir apprendre à nous décaler de nous-mêmes, de notre nombril, pour s'interroger, apprendre et comprendre les attentes des autres, en société, et dans notre couple, et dans notre famille.

« Qu'est ce que l'autre attend de moi ? »

On va apprendre à endosser le bon rôle, et, ce faisant, le contexte sera plus favorable à l'émergence d'un intime dans le couple ou avec un ami. En agissant de la sorte, nous remettons de la souplesse dans les relations. Le levier de pouvoir ne sera ainsi plus aussi rigide, et se redistribuera au sein de la famille ; vers plus de réciprocité, de partage et d'égalité. En envisageant d'autres rôles, on apprend les gestes et comportements qui deviendront, au fil du temps, de plus en plus évidents, de plus en plus spontanés, puisque répondant, à l'origine, à nos programmations biologiques profondes. Et c'est dans l'évidence, dans la spontanéité, que le relâchement aura alors lieu : soudain, nous pouvons être avec l'autre sans masque, et lui de même. C'est-à-dire que nous pouvons sortir alors de tout rôle, pour aller vers l'intime.

⇨ Avant d'envisager les rôles avec plus de souplesse, il est utile de se demander si l'intime est possible avec l'autre, si la peur de l'autre est justifiée (si on le lui permet, il utilisera l'un ou l'autre levier à son avantage pour nous humilier, nous détruire) et/ou uniquement fondée sur une construction inadéquate (peurs infantiles, manque de maturité, enfermement dans une quête narcissique[54]).

[54] On aura nécessairement peur de l'intime car, dans l'enfance, la proximité avec nos parents, et notamment la mère, n'aura pas été vécue sereinement.

Poursuivons notre exposé avec un exemple : si nous sommes depuis des années avec quelqu'un, et que nous ne sommes pas du tout câlins. Nous ne parvenons pas à le toucher, à aller vers lui pour le prendre dans les bras. Soit nous imposons l'absence de contact, de proximité dans le couple. Soit nous laissons à l'autre le soin de prendre l'initiative pour tout contact, tout rapprochement au sein du couple. On peut être également incapable de lui communiquer, de lui demander, par exemple, qu'il/elle nous prenne dans ses bras. Le levier de pouvoir est clairement défini, et est l'exclusivité de l'un ou l'autre. Il n'est pas partagé. La réassurance que l'un et l'autre, dans le couple, sont supposés s'apporter mutuellement, ne peut avoir lieu, parce qu'on ne parvient pas (ou plus) à aller vers lui. La relation tient grâce au contrôle de chacun. Il y a enfermement dans un « jeu », qui peut s'apparenter à « l'un, complètement froid, rejette, reproche et/ou humilie l'autre, à chaque fois qu'il/elle quémande un contact », « on ne se touche jamais, parce que l'un ou l'autre est frigide et ne supporte pas les contacts », ou « c'est toujours la même personne, dans le couple, qui décide des rapprochements ; l'autre n'étant pas capable d'aller les chercher ou de les demander ». Il n'y a pas ou peu de réciprocité.

Un premier pas, pour sortir du jeu figé dans lequel le couple s'est enfermé, est de réinitier les contacts. Pour le moment, ceux-ci ne sont pas spontanés, et sont soumis à des règles contraignantes.

Le couple peut se questionner, et tenter d'identifier, de comprendre les rôles de chacun dans l'absence de contacts ou dans leur rareté. Il peut alors s'ouvrir à d'autres rôles, répondant davantage aux besoins biologiques de chacun. La mécanique humaine est bien huilée, donc plus heureuse, quand ses besoins primaires sont satisfaits.
A quels souvenirs ce jeu peut-il être relié, dans nos précédentes relations ou dans notre enfance ? Que se passe-t-il, quand nous nous touchons ? Que ressens-tu ? Et moi, qu'est-ce que je ressens ? De la gêne, du dégoût, de la honte, de la colère ? Ai-je mal, quelque part ?

On peut s'arrêter à deux, et faire ainsi l'effort d'aller vers l'autre, en se questionnant, puis en initiant le contact, en le demandant ou en l'offrant. On agissant ainsi, on crée une coupure dans le quotidien, dans les règles établies, pour les reconsidérer, pour en envisager éventuellement d'autres, plus gratifiantes pour chacun. On (ré)instaure la confiance, en se disant que l'on ne va pas être détruit par cela (par la proximité avec l'autre, par le relâchement). L'autre ne profitera pas de notre geste, de l'abaissement de certaines de nos défenses, pour nous détruire.

Au fur et à mesure, si l'on répète ce geste qui, au départ, ne sera pas perçu comme « naturel », on vivra une suite « d'expériences émotionnelles correctrices », qui conduiront au renforcement ou à l'édification de nouveaux schémas neuronaux (nouveaux MIO).

Au départ, il faut forcer un peu la « mécanique humaine » pour qu'elle se remette à fonctionner correctement, alors qu'elle était si rouillée. Et elle pourra se mettre à « ronronner ».

Expérience émotionnelle correctrice :

expérience émotionnelle forte qui nous amène à reconsidérer la vision qu'on a du monde, des autres et de soi-même. Il s'agit d'un changement épistémologique durable.

MIO :

Modèle interne opérant. Séquences comportementales intériorisées pendant l'enfance dans la relation avec la mère, constituant des programmes incontournables qui contraignent à notre insu l'ensemble de nos relations à l'âge adulte.

Un curseur peut être ainsi dévié, et l'autre ne sera plus perçu comme un ennemi, mais comme un partenaire, un compagnon, un égal. On sera alors en mesure d'aller spontanément vers lui, d'en ressentir le besoin et d'être en mesure de l'assouvir. On ira vers lui, et cela sera évident. Nous serons alors relâchés. Nous pourrons nous laisser aller à l'autre. Et c'est là que l'intime pourra émerger. Et de cet intime s'allumera l'amour.

« Je peux agir ainsi, je peux me laisser aller dans ses bras, vraiment me laisser aller, parce que c'est lui, parce que c'est elle, et que nous avons cette relation. Je sais que, même si c'est difficile, même si je me sens aussi vulnérable, il/elle n'utilisera pas cela pour me faire du mal. Il/elle ne cherche pas une victoire sur moi. Il/elle cherche à construire quelque chose avec moi. Ce que nous avons est précieux, et vaut la peine que je fasse un effort pour aller vers l'autre, pour m'ouvrir à lui. »

C'est donc en envisageant les rôles avec plus de souplesse, avec plus d'ouverture, que nous pouvons, petit à petit, retrouver le chemin de l'autre et de l'amour.

Le rejet des rôles

Avec la quête identitaire, nous sommes poussés à rejeter tout rôle, comme l'on refuse tout carcan, toutes limites, car nous sommes poussés à ne regarder que nous-mêmes, et à nier l'autre. On ne veut plus être influencé, on ne veut plus dépendre de l'autre pour « réussir », pour grandir. L'autre est un obstacle à nos réussites. On ne peut envisager être véritablement dans une relation de confiance et de respect réciproque.

Précisons que, comme dit précédemment, cette attitude, qui se veut être le rejet de toute limite, de tout carcan, de tout rôle, est en réalité un enfermement dans un rôle contraignant et étriqué. C'est en « refusant toute limite » que nous nous en mettons le plus. La limite est telle que nous ne sommes plus en mesure de répondre à nos besoins biologiques premiers, et que nous refusons l'autre. C'est une restriction énorme dans nos possibilités d'être, de vivre et d'aimer.

Pour vous aider à y voir plus clair, nous vous partagerons, ci-dessous, plusieurs exemples caractérisant un enfermement dans un rôle. Précisons que pour fuir l'intime, et éviter toute rencontre avec l'autre ou soi-même, on peut également se mettre en couple avec une personne dont on devine son incapacité à l'intime. On sait que si l'on abaisse nos défenses, que l'on abaisse le masque, si on ne contrôle plus, l'autre utilisera l'un ou l'autre levier à son avantage pour pouvoir nous détruire. C'est ce que va faire la femme qui pousse son compagnon à bout (dans notre exemple plus haut) : toutes ses interactions auront pour but de confirmer la croyance selon laquelle elle ne peut se laisser aller. Elle doit rester en contrôle, dans un rôle prédéfini, et ne peut en sortir.

Voici d'autres exemples :

- celui d'un homme qui se met en couple avec une femme complètement narcissique, avec qui il est impossible de construire un terrain commun. Les rôles de chacun, dans le couple, seront clairement édictés, ils resteront figés et étriqués. Chacun restera donc enfermé dans le rôle qui lui aura été dévolu.

- Celui d'un homme qui se met en couple avec une « chieuse » : une femme poupée, qui va être énormément dans la séduction en apparence, mais qui n'est pas du tout dans la relation. Elle attendra de l'homme, qu'il lui amène une certaine sécurité, par l'argent et son statut. Il devra faire « l'homme ». Il devra être constamment dans le contrôle, et prendre en charge le couple, supporter les difficultés, sans jamais s'effondrer. Si jamais il laissait entrevoir une quelconque faiblesse, la femme ferait automatiquement une rétroaction en faisant une crise, en ramenant tout à elle. Tout devra toujours tourner autour d'elle. Certains hommes seront attirés par ce type de relations, car ils seront ainsi assurés de retrouver un contexte au sein duquel il ne leur sera pas permis de perdre le contrôle. Ils ne pourront jamais abaisser leurs défenses, enfermés dans le rôle de « l'homme infaillible ». Ils sont assurés de ne jamais connaître une proximité avec l'autre permettant l'intime. Et donc, aucun amour.

Il existe la possibilité de se tourner ainsi vers des relations qui exigent de nous le contrôle absolu (enfermement dans un rôle prédéterminé et figé), afin de ne jamais connaître la proximité avec l'autre, l'intime. On se mettra alors avec une personne peu fiable et digne de confiance, et qui nous laissera toutes les responsabilités sur le dos.

Le chapitre 19 vient de se terminer. Il a été conçu afin d'être axé essentiellement sur la pratique et, par conséquent vers le questionnement de ce qui peut « ne pas aller » dans un couple.
Il a pu révéler des zones d'ombre de nature à vous inciter à creuser davantage. Ceci, afin d'y amener de larges pans de lumière. Comme l'a dit Stendhal p.139, le démarrage de l'intime se fait bien souvent au bord d'un précipice affreux.

CONCLUSION OUVERTURE

Les êtres humains sont des êtres de relation, et, plus que tous les autres animaux, nous avons besoin d'être en relation. Nous avons une capacité relationnelle qui est au-dessus de tout le règne animal parce que nous avons la possibilité, par le langage, de nous exprimer. Nous pouvons nous dire, nous pouvons nous rassembler, nous pouvons coopérer. Et on sait que les animaux les plus coopératifs ne nous arrivent pas à la cheville.

Les expériences qui ont été faites sur les chimpanzés démontrent[55] que ceux-ci ne coopèrent qu'à court terme et uniquement s'ils sont persuadés d'obtenir un résultat (un bénéfice) immédiat. L'objectif doit être atteint. Ils ne veulent coopérer qu'à cette condition. Il n'y a pas de coopération gratuite, « je t'aide, et je n'attends rien, et je sais que quelqu'un me rendra la pareille en cas de besoin ». Cette capacité à la coopération, telle que décrite là, est purement humaine.

[55] Sarah Blaffer Hrdy.

Nous avons donc des besoins affectifs qui vont de pair avec cette capacité inégalée à la coopération. N'importe lequel d'entre nous a besoin de se sentir proche d'un autre, d'être aimé, d'être dans l'intime, de se raconter, de parler, d'être accepté, d'être admis, de donner et de recevoir. N'importe lequel d'entre nous va chercher cela, va chercher l'amour au sens large, c'est-à-dire un lien lui permettant de se maintenir et de croître. D'avoir une existence la plus saine possible. Ce qui va nous permettre d'y accéder, c'est l'intime.

La plupart d'entre nous n'a, heureusement et malheureusement, eu accès qu'à des bribes d'intime. C'est-à-dire qu'il ne connaît de l'intime qu'une étoffe déchirée (qu'un voile déchiré). Et cette étoffe, il va devoir la reconstruire, avec l'aide d'un amour, d'un ami ou/et d'un thérapeute.

Nous les avons écrits, ici, par ordre de profondeur de l'intime possible. Le plus important c'est l'amour, avec le sexe. Puis l'ami, et enfin le thérapeute, car si on le prend, c'est parce qu'on n'a pas accès aux autres. Soit nous sommes seuls, isolés.
Soit malgré que nous sommes en couple ou/et que nous avons des amis, nous ne parvenons pas à nous laisser aller avec eux.

Nous allons devoir reconstituer l'intime, morceau par morceau, afin d'accéder au sentiment d'exister pleinement, de se sentir en lien sans se sentir envahis par les autres et sans envahir les autres.

Vous êtes des êtres humains, plus ou moins en recherche, plus ou moins frustrés, plus ou moins en souffrance. Nous partageons tous un même potentiel humain, lié à notre héritage biologique[56]. Et on peut avancer, et désobjectiver l'autre.

C'est très enthousiasmant qu'il y ait une solution, une ouverture possible, avec l'intime, vers le sentiment d'exister pleinement.

Nous vous laisserons sur cette dernière question, concluant le livre, et guide pour aller vers plus d'amour, vers l'intime : « Dans quel sens vais-je ? Vers l'objectivation de l'autre ? Ou vers la reconnaissance de l'autre ? Pouvoir ou intime ? »

L'intime est la clef permettant d'accéder, enfin, à notre zone de confort. Là, et seulement là, où l'on pourra trouver l'amour et la santé, durables.

[56] Et non un potentiel lié à une volonté intrinsèque à un individu. Nous ne tomberons pas, ici, dans du développement personnel.

Pour aller plus loin…

Creuser l'amour…

- Et sa construction : voir un précédent ouvrage : « Un pas vers une écologie de l'enfance ».

- Olivier a écrit de nombreux articles traitant de l'amour.
  Ils sont disponibles gratuitement sur notre site

Construire le corps en respectant la nature humaine et ses besoins, une série de livres par Olivier Lafay. À découvrir ici :
olivier-lafay.com

Nous traitons également des sujets de l'amour, de la société et de la construction de soi dans nos conférences mensuelles. Si vous désirez y assister, contactez-nous par mail à
contact@ldmt.fr ;
ou via Facebook, par message privé.

Printed in Poland
by Amazon Fulfillment
Poland Sp. z o.o., Wrocław

24484977R00118